Culinária de Todas as Cores

200 Receitas
de Cupcakes Delicados

Culinária de Todas as Cores

200 Receitas de Cupcakes Delicados

Joanna Farrow

PUBLIFOLHA

Publicado originalmente na Inglaterra em 2010, sob o título *Hamlyn All Colour: 200 Cupcakes*, pela Hamlyn, uma divisão da Octopus Publishing Group Ltd Endeavour House, 189 Shaftesbury Avenue, Londres, WC2H 8JY

COORDENAÇÃO DO PROJETO: PUBLIFOLHA
Editora assistente: Paula Dume
Coordenadora de produção gráfica: Mariana Metidieri
Produtor gráfico: Rodrigo Andrade

PRODUÇÃO EDITORIAL: ESTÚDIO SABIÁ
Edição: Bruno Salerno Rodrigues
Tradução: Mary Amazonas Leite de Barros
Preparação: Célia Regina Rodrigues de Lima
Revisão: Valéria Braga e Jerônimo de Oliveira
Editoração eletrônica: Pólen Editorial

Dados Internacionais de Catalogação na Publicação (CIP)
(Câmara Brasileira do Livro, SP, Brasil)

Farrow, Joana
200 receitas de cupcakes delicados / Joana Farrow ; [tradução Mary Amazonas Leite de Barros]. – São Paulo : Publifolha, 2012. – (Coleção culinária de todas as cores)

2ª reimpr. da 1ª ed. de 2011.
Título original: All colour cookbook : 200 cupcakes.
ISBN: 978-85-7914-343-4

1. Cupcakes (Culinária) 2. Receitas culinárias I. Título. II. Série.

11-07211 CDD-641.5

Índices para catálogo sistemático:
1. Cupcakes : Receitas : Culinária : Economia doméstica 641.5

Este livro segue as regras do Acordo Ortográfico da Língua Portuguesa (1990), em vigor desde 1º de janeiro de 2009.

Impresso na C & C Offset Printing Co. Ltd., China.

PUBLIFOLHA
Divisão de Publicações do Grupo Folha
Al. Barão de Limeira, 401, 6º andar
CEP 01202-900, São Paulo, SP
Tel.: (11) 3224-2186/2187/2197
www.publifolha.com.br

NOTA DO EDITOR

Apesar de todos os cuidados tomados na elaboração das receitas deste livro, a editora original não se responsabiliza por erros ou omissões decorrentes da preparação dos pratos.
Pessoas com restrições alimentares, grávidas e lactantes devem consultar um médico especialista sobre os ingredientes de cada receita antes de prepará-la.
As fotos deste livro podem conter acompanhamentos ou ingredientes meramente ilustrativos.

Observações, exceto se orientado de outra forma:
- Use sempre ingredientes frescos
- O forno deve ser preaquecido na temperatura indicada na receita

Equivalência de medidas:
- 1 colher (chá) = 5 ml
- 1 colher (sopa) = 15 ml
- 1 xícara = 250 ml

sumário

introdução

introdução

Os cupcakes tornaram-se quitutes populares nos últimos anos – e é fácil entender por quê. Esses bolinhos, com sua base macia e molhadinha e a linda cobertura, vêm na porção ideal para matar aquela vontade de comer um doce. E atraem adultos e crianças – elas também adoram ajudar a fazê-los e a decorá-los. Servidos em forminhas individuais, os cupcakes são bem versáteis – vão bem em qualquer ocasião, do lanche da tarde a uma festa especial. E, acima de tudo, são fáceis de preparar. Uma cobertura simples de glacê é ideal para o chá da tarde, mas você pode querer incrementar mais para receber os amigos, dar a festinha de aniversário do seu filho e até preparar essas deliciosas guloseimas como presente, numa bela caixa, quando for visitar amigos e parentes.

ocasiões especiais

Substituir o bolo grande tradicional por cupcakes, em qualquer quantidade, está virando uma tendência. A vantagem é que os bolinhos podem ser preparados por qualquer pessoa, que já saiba cozinhar ou não, sem a necessidade de apelar para um profissional. Por exemplo, os Cupcakes de casamento (p. 224) ficam maravilhosos se arrumados em camadas numa estrutura própria para a ocasião (veja ao lado), enquanto outros bolinhos decorados podem compor um bonito arranjo de festa. A decoração pode ser simples – frutas frescas ou flores de açúcar compradas prontas – ou sofisticada, se houver tempo e disposição, com flores frescas glaceadas (p. 228) e outros acabamentos. Todos ficam muito bonitos. Neste livro, você também encontrará sabores e decorações ideais para o Natal, a Páscoa e o Halloween (Dia das Bruxas) (pp. 204-23).

acessórios

Para fazer cupcakes, você precisará apenas de acessórios básicos: uma fôrma para bolinhos, algumas forminhas de papel e uma batedeira são suficientes para uma fornada deliciosa, que pode ser decorada de maneira simples porém criativa.

fôrmas

Existem vários modelos, mas a padrão tem doze divisórias em tamanho um pouco maior do que a fôrma de empada. Elas têm lateral inclinada para fora e costumam ter revestimento de teflon, o que é útil para assar cupcakes sem a necessidade de forminhas de papel.

fôrmas de muffin

Nesse tipo de fôrma, as divisórias são maiores e mais fundas, indicadas para fazer cupcakes maiores. Também podem ser de teflon.

forminhas de papel

Existem em vários tamanhos, desde a pequena para docinho de festa até a grande, de muffin. Há também cores variadas para escolher. Para aniversários de criança, procure forminhas especiais, como as douradas, as prateadas, as laminadas, as policromadas e as de uma cor só, das mais clarinhas às de cor vibrante. Na maioria das receitas deste livro usa-se a forminha padrão de cupcake (que é a mesma da queijadinha, por exemplo), maior do que a de docinho, mas menor do que a de muffin. O rendimento da receita vai mudar de acordo com o tamanho da forminha escolhida – não se esqueça disso. Algumas receitas pedem forminhas pequenas, como as indicadas para fazer petit-four. Você pode colocar as forminhas de papel direto nas divisórias das fôrmas.

forminhas de silicone

Encontram-se em diferentes cores e formatos, como o de coração. Pode ser reutilizada e até colocada na máquina de lavar louça, assim como no forno quente. É fácil de usar e pode ser colocada numa assadeira comum, ou seja, não é preciso encaixá-la numa fôrma específica para bolinhos. Depois do uso, lave e seque bem antes de guardar.

molde

Feito de metal ou plástico, é usado, em geral, para cortar biscoitos. Os menores também servem como utensílio para a decoração de bolinhos, pois podem cortar formatos de flores e outros, criando efeitos simples, mas atraentes. Há desde pequenos círculos e letras a animais, estrelas, luas, árvores e motivos comemorativos. Compre moldes sempre que achar formatos interessantes e vá montando a sua coleção – assim não faltarão recursos à sua criatividade.

travessa para cupcake

A travessa ou boleira para cupcake, com três ou mais andares, deixa qualquer mesa linda, seja de aniversário, seja de casamento, e ainda evita o trabalho de cortar o bolo. A boleira de cerâmica ou acetato vem com os pinos e separadores para compor as camadas. A de metal com divisórias para cupcakes é uma boa escolha para reuniões menores. Pesquise os diferentes modelos em lojas de produtos culinários e de decoração, e também na internet.

armazenagem de cupcakes

É melhor servir os cupcakes ainda frescos, assim que ficarem prontos. Mas, se preparados com antecedência, duram 24 horas em recipiente hermético. Para guardar por mais tempo, é melhor congelá-los e depois descongelar algumas horas antes de decorar. Bolinhos decorados com glacê ou cobertura de chocolate, como o Cupcake de café com

nozes (p. 170), ou o Cupcake tentação (p. 70), podem ser congelados já decorados. Aqueles que levam chantili e outras coberturas devem ser decorados apenas pouco antes de servir.

algumas técnicas simples

Ao contrário dos bolos grandes, que podem murchar no centro ou torrar demais, os cupcakes dificilmente dão errado.

massa básica

A maioria das receitas adota o método de bater todos os ingredientes numa tigela com uma batedeira ou um mixer.

É importante que a manteiga esteja em temperatura ambiente (tire da geladeira antes ou amoleça um pouco no micro-ondas), para que a massa fique mais cremosa. Bater a massa leva cerca de 1 minuto na batedeira ou 3-4 minutos com uma colher de pau. Os ingredientes também podem ser batidos no processador.

para fazer o muffin

No caso do muffin, juntam-se primeiro os ingredientes úmidos, como ovos, manteiga derretida e creme de leite ou leite, e só depois os secos, como farinha, fermento e frutas secas, entre outros. Usa-se uma colher de metal grande para incorporar tudo delicadamente, até a massa ficar homogênea. Não há problema se restarem traços de farinha, pois misturar demais pode resultar numa textura menos macia.

a massa nas forminhas

A massa cresce enquanto assa, então é preciso tomar cuidado para não encher as forminhas demais, senão ela pode transbordar. Para que isso não aconteça, preencha cada forminha até ⅔ da capacidade. Se for assar mais do que doze bolinhos ou se tiver sobrado massa, leve ao forno em duas rodadas. Não gire a fôrma durante o cozimento, como às vezes se faz com biscoitos, pois os bolinhos tendem a murchar com a porta do forno aberta.

estão assados?

Ao final do tempo de cozimento indicado, abra o forno e toque levemente a parte de cima de um dos cupcakes. Ele deve estar crescido e macio, mas não pode afundar ao toque. A massa básica fica levemente dourada. Não asse por tempo demais, senão eles ficarão secos.

antes de decorar

Geralmente, os cupcakes são decorados depois de frios. Após tirá-los do forno, deixe-os na fôrma por alguns minutos, depois passe-os delicadamente para uma travessa e espere esfriar. Só decore quando tiverem esfriado completamente, sobretudo se for usar chantili ou glacê. Alguns, como o muffin e o cupcake salgado, são melhores servidos quentes, com o sabor ainda acentuado. O muffin precisa ser requentado antes de servir. O ideal é congelar logo tudo o que não será consumido.

decorações

Ingredientes como chantili, merengue, chocolate derretido e glacê podem ser usados para tornar os cupcakes mais sofisticados e uniformes, em vez de simplesmente espalhar a cobertura sobre eles. O ideal é usar sacos de confeitar de plástico, tecido ou nylon, encontrados em lojas de produtos culinários ou de decoração. Podem-se encaixar diversos tipos de bicos nos sacos de confeitar, como os simples ou o pitanga. Depois, é só lavar e guardar. Eles são ideais para a decoração de receitas como o Cupcake de café com nozes (p. 170).

Para produzir linhas ou decorações mais minuciosas, como a do Cupcake decorado (p. 30), um saco de papel é a melhor opção. Compre-o ou faça em casa mesmo, cortando um triângulo de papel-manteiga (p. 16). A vantagem de usar sacos de confeitar descartáveis é poder usar vários ao mesmo tempo, por exemplo, ao preparar coberturas de mais de uma cor. Corte apenas a pontinha; não há necessidade de encaixar um bico. Tome cuidado, apenas, para não cortar demais na ponta, senão os traços de cobertura ficarão grossos demais.

como fazer um saco de confeitar

Faça um cone de papel. Corte um quadrado de 25 cm de papel-manteiga. Dobre na metade, na diagonal, e corte a linha da dobra. Posicione uma das metades de modo que o lado maior fique mais afastado de você e puxe a ponta direita até o centro, formando um cone. Dobre muitas vezes para que fique firme e não se desfaça. Corte a pontinha e, se quiser, encaixe um bico de confeitar. Preencha até a metade com a cobertura desejada e dobre a ponta aberta para firmar ainda mais. Se preferir, compre pronto.

cobertura para escrever

Há cobertura já pronta para escrever. Existem opções de várias cores e algumas vêm com bicos especiais para decorar.

derretimento de chocolate

Há três maneiras de derreter o chocolate. Quando se agrega manteiga ou leite, o tempo de derretimento é reduzido, devido ao teor de gordura desses ingredientes.

Para derreter no fogo, pique o chocolate e coloque numa vasilha refratária. Encaixe a vasilha sobre uma panela com água levemente fervente, evitando que a base encoste na água (banho-maria). Assim que começar a derreter, desligue o fogo e espere derreter por completo, mexendo uma, duas vezes para alisar. É imprescindível que o chocolate não entre em contato com a água, nem mesmo com o vapor, senão se solidificará e não poderá ser derretido novamente.

Para derreter no micro-ondas, pique o chocolate e coloque num refratário próprio para micro-ondas. Verifique o ponto de 1 em 1 minuto. Tome ainda mais cuidado ao derreter chocolate branco ou ao leite, que possuem um teor maior de açúcar e podem granular.

Para derreter no forno, pique o chocolate e coloque numa vasilha resistente ao calor. Após assar os bolinhos e apagar o fogo, coloque a vasilha no forno ainda quente e deixe o chocolate derreter.

pasta americana

A cobertura tipo pasta americana – isto é, firme, mas maleável – é vendida em lojas especializadas. A mais comum é a branca, mas pode-se acrescentar corante. Abra-a sobre uma superfície levemente polvilhada com açúcar de confeiteiro e corte-a nos formatos desejados, com moldes. Ao abri-la, amasse-a um pouco para amaciar. Para colorir, pingue gotas de corante comestível (dão uma coloração clara) ou use corante em pasta (cores mais fortes). Caso sobre, envolva em filme de PVC para não secar.

decorações prontas

Variam de confeitos e chocolatinhos comprados no supermercado a flores artesanais comestíveis, encontradas em lojas especializadas em decoração culinária.

Confira os ingredientes dos confeitos industrializados antes de comprá-los e não exagere nas quantidades.

coberturas

As coberturas a seguir são usadas em várias receitas do livro. Elas também servem como recheio ou cobertura de cupcakes. As três são rápidas e fáceis, mas as de chocolate são um pouco mais demoradas, pois é preciso derretê-lo.

glacê

rende **o suficiente para 12 cupcakes**
Preparo: **5 minutos**

150 g de **manteiga sem sal** em temperatura ambiente
250 g de **açúcar de confeiteiro**
1 colher (chá) de **extrato de baunilha**
2 colheres (chá) de **água quente**

Coloque a manteiga e o açúcar de confeiteiro numa tigela e bata com uma colher de pau ou um mixer até ficar cremoso.

Acrescente o extrato de baunilha e a água quente e bata, mantendo a cremosidade.

cobertura de chocolate

rende **o suficiente para 12 cupcakes**
Preparo: **5 minutos**
Cozimento: **5 minutos**

100 g de **chocolate amargo** ou **ao leite** picado
2 colheres (sopa) de **leite**
50 g de **manteiga sem sal**
75 g de **açúcar de confeiteiro**

Coloque o chocolate, o leite e a manteiga numa panela pequena de fundo grosso e aqueça levemente, mexendo, até derreter.

Retire do fogo e misture com o açúcar de confeiteiro até derreter. Espalhe sobre os cupcakes ainda quentes.

cobertura de chocolate branco

rende **o suficiente para 12 cupcakes**
Preparo: **5 minutos**
Cozimento: **5 minutos**

200 g de **chocolate branco** picado
5 colheres (sopa) de **leite**
175 g de **açúcar de confeiteiro**

Coloque o chocolate e o leite numa tigela resistente ao calor. Encaixe-a sobre uma panela com água fervente, evitando o contato com a água, e deixe derreter, mexendo sempre.

Retire e misture o açúcar de confeiteiro até ficar cremoso. Espalhe sobre os cupcakes ainda quentes.

cupcakes para todo dia

cupcake de baunilha

12 unidades
Preparo: **10 minutos**
Cozimento: **20 minutos**

150 g de **manteiga sem sal** em temperatura ambiente
150 g de **açúcar**
175 g de **farinha de trigo com fermento**
3 **ovos**
1 colher (chá) de **extrato de baunilha**

Forre uma fôrma de doze divisórias com forminhas de papel-manteiga ou papel-alumínio. Se preferir, coloque doze forminhas de silicone numa assadeira. Junte todos os ingredientes numa tigela e bata com a batedeira por 1-2 minutos, até a massa ficar leve e cremosa. Distribua nas forminhas.

Asse em forno preaquecido a 180°C por 20 minutos, até que cresçam e fiquem firmes ao toque. Transfira para uma grade (ou travessa) para esfriarem.

Variação 1: cupcake de frutas vermelhas com especiarias. Faça a massa como acima, mas acrescente ½ colher (chá) de especiarias sortidas e 1 pedaço de gengibre em conserva picadinho aos ingredientes antes de bater. Depois, adicione 75 g de frutas vermelhas secas. Asse como indicado na receita acima.

Variação 2: cupcake de chocolate. Faça a massa como acima, mas substitua 15 g da farinha por 15 g de chocolate em pó.

cupcake de frutas e castanhas

18 unidades
Preparo: **10 minutos**
Cozimento: **25 minutos**

150 g de **manteiga sem sal** em temperatura ambiente
150 g de **açúcar mascavo**
200 g de **farinha de trigo com fermento**
3 **ovos**
1 colher (chá) de **extrato de amêndoa**
50 g de **castanhas** variadas picadas
75 g de **frutas secas** variadas

Forre dezoito divisórias de duas fôrmas com forminhas de papel. Coloque a manteiga, o açúcar, a farinha, os ovos e o extrato de amêndoa numa tigela e bata com um mixer por 1-2 minutos, até ficar leve e cremoso.

Adicione as castanhas picadas e as frutas secas e mexa até ficar homogêneo. Distribua a massa nas forminhas.

Asse em forno preaquecido a 180°C por 25 minutos, até que cresçam e fiquem firmes ao toque. Transfira para uma grade (ou travessa) para esfriarem.

Variação: cupcake de laranja e tâmara. Use 150 g de tâmara seca sem caroço. Corte 6 delas em tiras, no sentido do comprimento, e pique as restantes. Faça a massa como acima, substituindo o extrato de amêndoas por raspas de 1 laranja e as frutas secas e as castanhas pelas tâmaras picadas. Antes de assar, decore os cupcakes com as tiras de tâmara.

cupcake de cenoura

12 unidades
Preparo: **20 minutos**, mais o tempo para esfriar
Cozimento: **25 minutos**

150 g de **manteiga sem sal** em temperatura ambiente
150 g de **açúcar mascavo**
3 **ovos**
150 g de **farinha de trigo com fermento**
½ colher (chá) de **fermento em pó**
1 colher (chá) de **especiarias mistas**
75 g de **nozes moídas**
raspas finas de 1 **laranja**
150 g de **cenoura** ralada
50 g de **uva-passa** branca

Cobertura
125 g de **cream cheese**
275 g de **açúcar de confeiteiro**
1 colher (sopa) de **suco de limão**
nozes picadas para decorar

Forre uma fôrma de doze divisórias com doze forminhas de papel. Coloque a manteiga, o açúcar mascavo, os ovos, a farinha, o fermento, as especiarias, as nozes moídas e as raspas de laranja numa tigela e bata com um mixer por cerca de 1 minuto, até ficar leve e cremoso.

Junte a cenoura ralada e a uva-passa e mexa até ficar homogêneo. Distribua a massa nas forminhas.

Asse em forno preaquecido a 180°C por 25 minutos, até que cresçam e fiquem firmes ao toque. Retire e deixe na fôrma por 5 minutos, depois transfira para uma grade (ou travessa) e deixe esfriar completamente.

Bata numa tigela o cream cheese, com uma colher de pau, até ficar liso e cremoso. Junte o açúcar de confeiteiro e o limão e espalhe sobre os cupcakes com uma faca pequena. Enfeite com as nozes.

Variação: cupcake de abobrinha e avelã. Rale 150 g de abobrinha e coloque num escorredor. Salpique 2 colheres (chá) de sal e mexa. Passe para um prato e deixe descansar por 30 minutos. Enxágue bem com água fria para eliminar o sal. Seque com papel-toalha. Faça a massa como acima, mas substitua as nozes moídas por 75 g de avelã moída e a cenoura e a uva-passa pela abobrinha ralada. Faça a cobertura como acima e espalhe sobre os bolinhos. Decore com avelã picada.

cupcake marmorizado com café

12 unidades
Preparo: **15 minutos**
Cozimento: **20 minutos**

125 g de **manteiga sem sal** em temperatura ambiente
125 g de **açúcar**, mais 2 colheres (chá)
2 **ovos**
150 g de **farinha com fermento**
½ colher (chá) de **fermento em pó**
2 colheres (chá) de **pó de café**
1 colher (chá) de **água fervente**
50 g de **amêndoa** em flocos levemente torrada
¼ de colher (chá) de **canela em pó**

Forre as doze divisórias da fôrma com forminhas de papel. Coloque a manteiga, 125 g de açúcar, os ovos, a farinha e o fermento numa tigela e bata com a batedeira por cerca de 1 minuto, até ficar leve e cremoso.

Passe metade da massa para uma tigela. Misture o pó de café com a água fervente e adicione à outra metade da massa. Usando 1 colher (chá), distribua as duas massas em cada forminha. Use uma faca para misturar um pouco as massas e criar o efeito marmorizado.

Espalhe as amêndoas em flocos por cima. Misture as 2 colheres (chá) de açúcar que restaram com a canela e polvilhe por cima dos bolinhos.

Asse em forno preaquecido a 180°C por 20 minutos, até que cresçam e fiquem firmes ao toque. Transfira para uma grade (ou travessa) para esfriarem.

Variação: cupcake recheado de framboesa. Faça a massa como acima. Amasse 75 g de framboesa fresca numa tigela com 2 colheres (chá) de açúcar, mas não a ponto de transformá-las em purê. Preencha as forminhas de papel até a metade com a massa e alise a superfície com as costas de uma colher. Distribua a framboesa amassada por cima e cubra com o restante da massa. Asse como acima e sirva os bolinhos polvilhados com açúcar de confeiteiro.

cupcake decorado

12 unidades
Preparo: **40 minutos**
Cozimento: **20 minutos**

200 g de **açúcar de confeiteiro**, mais um pouco
1-2 colheres (chá) de **suco de limão** ou **de laranja**
12 **cupcakes de baunilha** (p. 22)
algumas gotas de **corante comestível rosa** e **lilás**
½ receita de **glacê** (p. 18)

Misture o açúcar com 1 colher (sopa) de suco de limão ou de laranja numa tigela. Gradualmente, acrescente o restante do suco, batendo bem com uma colher de pau, até que ganhe consistência de cobertura, fácil de espalhar. Talvez não seja usado todo o suco.

Reserve 3 colheres (sopa) da cobertura e espalhe o restante sobre os cupcakes já frios, usando uma pequena faca de confeiteiro. Misture um pouco mais de açúcar à cobertura reservada para que fique firme e forme picos ao ser erguida com uma faca. Coloque num saco de confeitar com o menor tamanho de bico pitanga ou use um saco plástico com a pontinha cortada (p. 16).

Use o corante rosa para colorir metade do glacê e o lilás para colorir a outra metade. Coloque em sacos de confeitar diferentes.

Decore os cupcakes com fileiras de glacê rosa e lilás e de cobertura branca intercaladas.

Variação: cupcake dos namorados. Calque um molde em formato de coração de 3-4 cm no topo de cada cupcake (cerca de 5 mm). Retire a massa do lugar marcado. Dissolva 6 colheres (sopa) de geleia de morango ou de framboesa numa panela até ficar amolecida e coloque nos corações cortados dos cupcakes. Faça um pouco de glacê batendo 25 g de manteiga sem sal em temperatura ambiente com 50 g de açúcar de confeiteiro. Coloque num saco para confeitar com bico pitanga pequeno e contorne os corações.

muffin de frutas vermelhas

12 unidades
Preparo: **10 minutos**
Cozimento: **20 minutos**

300 g de **farinha de trigo**
3 colheres (chá) de **fermento em pó**
125 g de **açúcar**
50 g de **manteiga sem sal**
3 **ovos**
4 colheres (sopa) de **óleo de girassol**
1 ½ colher (chá) de **extrato de baunilha**
150 ml de **iogurte natural**
100 g de **mirtilo fresco** ou **descongelado**
100 g de **framboesa fresca** ou **descongelada**

Forre as doze divisórias da fôrma com forminhas de papel para muffin. Coloque a farinha, o fermento e o açúcar numa tigela e misture usando um garfo.

Derreta a manteiga numa caçarola pequena em fogo baixo e junte os ingredientes secos. Acrescente os ovos, o óleo, o extrato de baunilha e o iogurte e misture até ficar homogêneo. Adicione as frutinhas. Distribua a massa nas forminhas.

Asse em forno preaquecido a 200°C por 15 minutos, até que tenham crescido, dourado bem e ficado com a parte de cima irregular.

Solte os muffins das forminhas usando uma faca sem ponta, para servi-los ainda quentes, ou transfira--os para uma grade (ou travessa) até esfriar.

Variação: muffin de laranja e zimbro. Descasque 2 laranjas. Separe os gomos em uma tigela para que o suco escorra dentro dela. Pique os gomos. Amasse 12 frutinhos de zimbro ou pedaços de castanha-do--pará com 1 colher (sopa) de açúcar num pilão. Faça a massa do muffin como indicado na receita acima, mas sem as frutas. No preparo, adicione o zimbro moído ou as castanhas aos ingredientes secos e os gomos picados de laranja aos ingredientes úmidos. Asse como acima, depois pincele os muffins com 2 colheres (chá) de suco de laranja misturadas a 50 g de açúcar de confeiteiro.

cupcake de lima e limão

12 unidades
Preparo: **20 minutos**
Cozimento: **35 minutos**

1 **limão**
2 **laranjas-lima**
150 g de **manteiga sem sal** em temperatura ambiente
200 g de **açúcar**
3 **ovos**
150 g de **farinha de trigo com fermento**
½ colher (chá) de **fermento em pó**
50 g de **amêndoa** moída

Coloque doze forminhas de silicone numa assadeira ou forre doze divisórias da fôrma para cupcakes com forminhas de papel. Usando uma faca afiada, corte tiras finas da casca do limão e das limas. Se preciso, fatie as tiras para que fiquem mais finas ainda. Coloque-as numa panela pequena e cubra com água fria. Cozinhe em fogo bem baixo por 15 minutos, até que fiquem macias. Elas devem estar moles o suficiente para quebrarem quando espremidas entre o dedão e o indicador. Escorra e deixe esfriar.

Esprema o suco do limão e o das limas.

Misture a manteiga, 150 g de açúcar, os ovos, a farinha, o fermento e a amêndoa moída numa tigela. Bata com a batedeira por cerca de 1 minuto, até ficar leve e cremoso. Distribua a massa nas forminhas de papel ou de silicone.

Asse em forno preaquecido a 180°C por 20 minutos, até que cresçam e fiquem firmes ao toque. Transfira para uma grade (ou travessa).

Espalhe as cascas de lima e limão por cima enquanto os cupcakes ainda estiverem quentes e regue com o suco. Polvilhe o restante do açúcar e deixe esfriar.

Variação: cupcake com laranja e avelã. Descasque 2 laranjas pequenas e esprema 5 colheres (sopa) de suco de laranja. Fatie fino e cozinhe a casca de laranja como acima. Faça a massa como indicado, mas use 50 g de avelã moída em vez da amêndoa. Quando os cupcakes estiverem frios, espalhe as tiras de laranja e 25 g de avelã picada por cima. Regue o suco e polvilhe o restante do açúcar, como acima.

cupcake de pecã com caramelo quente

12 unidades
Preparo: **15 minutos**
Cozimento: **25 minutos**

125 g de **manteiga sem sal** em temperatura ambiente
125 g de **açúcar mascavo**
2 **ovos**
150 g de **farinha de trigo com fermento**
½ colher (chá) de **fermento em pó**
1 colher (chá) de **extrato de baunilha**
100 g de **nozes-pecãs** picadas
250 g de **calda de caramelo** (veja a versão caseira ao lado)

Forre as doze divisórias da fôrma com forminhas de papel. Coloque a manteiga, o açúcar, os ovos, a farinha, o fermento e o extrato de baunilha numa tigela e bata com a batedeira por cerca de 1 minuto, até ficar leve e cremoso.

Junte ¾ das nozes-pecãs e distribua a massa nas forminhas.

Asse em forno preaquecido a 180°C por 20 minutos, até que cresçam e fiquem firmes ao toque. Transfira para uma grade (ou travessa) para esfriar.

Despeje a calda de caramelo numa panela em fogo médio e aqueça até derreter, mas sem ferver. Regue os cupcakes com a calda quente e salpique o restante das pecãs. Se preferir, retire os cupcakes das forminhas para servir.

Calda de caramelo caseira, para regar o cupcake. Coloque 200 g de açúcar numa panela pequena com 75 ml de água e aqueça em fogo baixo, mexendo até o açúcar dissolver. Deixe ferver e pare de mexer: deve estar com uma cor clara de caramelo (cuidado para não deixar escurecer demais). Retire do fogo e misture 50 g de manteiga sem sal e 150 ml de creme de leite. Leve de novo ao fogo e mexa até ficar homogênea.

cupcake de morango e creme

12 unidades
Preparo: **30 minutos**, mais o tempo para esfriar
Cozimento: **20 minutos**

12 **cupcakes de baunilha** (p. 22)
300 g de **morango** fresco pequeno
150 ml de **creme de leite**
2 colheres (chá) de **açúcar**
½ colher (chá) de **extrato de baunilha**
4 colheres (sopa) de **geleia de groselha** ou de **frutas vermelhas**
1 colher (sopa) de **água**

Retire o miolo dos cupcakes de baunilha já frios usando uma faquinha afiada, de modo a abrir espaço para o recheio.

Limpe os morangos e reserve 6 dos menores. Corte os outros em fatias finas.

Bata o creme de leite, o açúcar e o extrato de baunilha numa tigela com a batedeira, até começar a formar picos. Coloque um pouco da mistura no centro dos cupcakes e alise a superfície com as costas de uma colher.

Arrume as fatias de morango por cima de cada bolinho, umas sobre as outras, em círculo. Corte os morangos restantes ao meio e coloque uma metade no centro da decoração de cada cupcake.

Aqueça a geleia com a água numa panela pequena de fundo grosso, até que se dissolva. Pincele os morangos com essa calda. Mantenha os cupcakes em lugar fresco até a hora de servir.

Variação: cupcake de banana com caramelo. Faça o cupcake de baunilha (p. 22), usando 150 g de açúcar mascavo em vez de açúcar branco. Fatie 2 bananas pequenas e regue-as com 1 colher (sopa) de suco de limão. Bata 150 ml de creme de leite com 1 colher (chá) de extrato de baunilha, até ficar um pouco firme. Coloque 1 colher (sopa) desse creme sobre cada cupcake e espalhe. Por cima, coloque ½ colher (sopa) de calda de caramelo comprada pronta e, sobre ela, pedaços de banana. Salpique um biscoito de castanha-do-pará picado.

cupcake de gengibre e uva-passa

12 unidades
Preparo: **15 minutos**, mais o tempo para esfriar
Cozimento: **20 minutos**

50 g de **gengibre**
125 g de **manteiga sem sal** em temperatura ambiente
125 g de **açúcar**
2 **ovos**
150 g de **farinha de trigo com fermento**
½ colher (chá) de **fermento em pó**
½ colher (chá) de **extrato de baunilha**
50 g de **uva-passa branca**
200 g de **açúcar de confeiteiro**
pedaços de **gengibre cristalizado** em fatias bem finas, para decorar

Forre as doze divisórias da fôrma de cupcakes com forminhas de papel-manteiga. Tire a casca do gengibre e rale-o bem fino sobre uma travessa, para recolher o líquido. Coloque a manteiga, o açúcar, os ovos, a farinha, o fermento e o extrato de baunilha na tigela. Acrescente o gengibre ralado, reservando o líquido para a cobertura. Bata com a batedeira por cerca de 1 minuto, até ficar leve e cremoso.

Misture a uva-passa e distribua a massa entre as forminhas.

Asse em forno preaquecido a 180°C por 20 minutos, até que cresçam e fiquem firmes ao toque. Transfira para uma grade (ou travessa) para esfriar.

Bata o açúcar de confeiteiro na tigela com o líquido do gengibre e complete com água, até obter a leve firmeza de uma cobertura. Espalhe sobre os cupcakes com uma faca de confeiteiro. Decore com o gengibre cristalizado.

Variação: cupcake frio de gengibre com manteiga. Faça a massa como acima, mas use 3 pedaços picados de gengibre em conserva em vez do gengibre fresco, e 50 g de tâmara sem caroço em fatias finas no lugar da uva-passa. Asse como acima. Bata 100 g de manteiga sem sal com 175 g de açúcar de confeiteiro e 1 colher (chá) de água quente até ficar cremoso. Espalhe sobre os cupcakes frios e salpique um pouco de gengibre picado para decorar.

cupcake delícia rosa

12 unidades
Preparo: **15 minutos**, mais o tempo para esfriar
Cozimento: **20 minutos**

125 g de **manjar turco cor-de-rosa**
125 g de **manteiga sem sal**
125 g de **açúcar**
2 **ovos**
150 g de **farinha com fermento**
½ colher (chá) de **fermento em pó**
1 colher (chá) de **extrato de baunilha**

Cobertura
300 ml de **creme de leite**
2 colheres (chá) de **água de rosas**
2 colheres (chá) de **açúcar de confeiteiro**
sementes de 1 **romã** ou **confeitos rosa**

Forre as doze divisórias da fôrma com forminhas de papel. Corte o manjar turco em pedacinhos, usando uma tesoura. Coloque todos os outros ingredientes numa tigela e bata com a batedeira por cerca de 1 minuto, até ficar leve e cremoso.

Adicione o manjar turco e distribua nas forminhas.

Asse em forno preaquecido a 180°C por 20 minutos, até que cresçam e fiquem firmes ao toque. Transfira para uma grade (ou travessa) para esfriar.

Bata o creme de leite numa tigela com a água de rosas e o açúcar de confeiteiro, até ficar firme. Espalhe sobre os cupcakes com uma faca pequena ou use um saco de confeiteiro. Salpique as sementes de romã.

Variação: cupcake de rosa polvilhado com açúcar. Faça a massa como acima, mas sem o manjar turco. Asse como indicado. Enquanto isso, junte 50 g de açúcar, 1 colher (sopa) de água de rosas e 2 colheres (chá) de suco de limão. Fure os cupcakes ainda quentes com um palito e regue com a calda de açúcar até ser absorvida. Deixe esfriar e polvilhe o açúcar de confeiteiro.

cupcake de cereja

12 unidades
Preparo: **20 minutos**
Cozimento: **25 minutos**

100 g de **amêndoa** sem pele
100 g de **manteiga sem sal** em temperatura ambiente
100 g de **açúcar**
2 **ovos**
125 g de **farinha de trigo com fermento**
1 colher (chá) de **fermento em pó**
100 g de **cereja em calda** cortada em quatro
4 colheres (sopa) de **geleia de cereja** ou **de morango**
100 g de **açúcar de confeiteiro**
2-3 colheres (chá) de **água**
6 **cerejas frescas** sem caroço cortadas ao meio, para decorar

Forre as doze divisórias de uma fôrma com forminhas de papel. Para tirar a pele da amêndoa, escalde-a em água fervente por 1 minuto. Escorra, seque e retire a pele. Coloque as amêndoas no processador e bata até moer.

Transfira a amêndoa para uma tigela e acrescente a manteiga, o açúcar, os ovos, a farinha e o fermento. Bata bem com a batedeira por cerca de 1 minuto, até ficar leve e cremoso.

Misture a cereja em calda e distribua a massa nas forminhas.

Asse em forno preaquecido a 180°C por 25 minutos, até que cresçam e pareçam firmes ao toque. Transfira para uma grade (ou travessa) para esfriar.

Passe a geleia por uma peneira e espalhe sobre os cupcakes. Bata o açúcar de confeiteiro numa tigela com a água para obter uma cobertura espessa e quase firme. Espalhe sobre a camada de geleia e decore com as metades de cereja.

Variação: cupcake picante de abacaxi. Faça a massa como acima, mas adicione ½ colher (chá) de gengibre em pó aos ingredientes antes de bater. Uma vez batido, misture 100 g de abacaxi cortado em pedacinhos em vez da cereja em calda. Asse como acima e deixe esfriar. Passe 5 colheres (sopa) de geleia de abacaxi ou de gengibre pela peneira e pincele os cupcakes. Salpique 75 g de biscoito de castanha-do-pará picado.

cupcake borboleta

12 unidades
Preparo: **25 minutos**, mais o tempo para esfriar
Cozimento: **20 minutos**

12 **cupcakes de baunilha** (p. 22)
1 receita de **glacê** (p. 18)

Corte um círculo do topo dos cupcakes já frios usando uma pequena faca afiada. Parta cada círculo na metade.

Coloque o glacê num saco de confeitar grande com bico grande. Faça uma espiral de glacê sobre os cupcakes.

Posicione as metades do círculo retirado sobre o glacê num ângulo de 45°C, para que pareçam asas de borboleta.

Variação: cupcake borboleta com creme de baunilha. Bata 4 gemas, 50 g de açúcar, 1 colher (chá) de extrato de baunilha e 15 g de farinha de trigo num recipiente resistente ao calor. Ferva 150 ml de creme de leite com 150 ml de leite numa panela pequena. Retire do fogo e junte o creme de ovos, mexendo sem parar. Volte ao fogo e cozinhe em fogo baixo, mexendo sempre, até ficar bem espesso. Transfira para uma tigela pequena, salpique açúcar para que não forme uma pele na superfície e deixe esfriar. Siga a receita como acima, mas use o creme de baunilha em vez do glacê.

cupcake de laranja e limão

12 unidades
Preparo: **20 minutos**, mais o tempo para descansar e esfriar
Cozimento: **15-20 minutos**

50 g de **manteiga sem sal**
100 g de **açúcar**
2 **ovos**
100 g de **farinha de trigo com fermento**
1 colher (sopa) de **raspas finas de limão**
2 colheres (sopa) de **água de flor de laranjeira**
2-3 colheres (sopa) de **leite**

Cobertura
200 g de **açúcar de confeiteiro** peneirado
1 ½ colher (sopa) de **suco de laranja**
1 ½ colher (sopa) de **suco de limão**
corante comestível amarelo e **laranja**
tiras cristalizadas de laranja e de **limão,** para decorar

Forre as doze divisórias de uma fôrma de muffin com forminhas de papel-manteiga ou papel-alumínio. Coloque a manteiga, o açúcar, os ovos, a farinha e as raspas de limão numa tigela e bata com a batedeira até ficar cremoso.

Junte a água de flor de laranjeira e leite suficiente para o creme ficar mais fluido. Distribua a massa nas forminhas.

Asse em forno preaquecido a 200°C por 15-20 minutos, até crescer e dourar. Transfira para uma grade (ou travessa) para esfriar.

Retire o topo estufado dos cupcakes. Misture metade do açúcar de confeiteiro com o suco de laranja em uma tigela e a outra metade com o suco de limão, em outra tigela. Pingue um pouco de corante nas coberturas, um de cada cor, e misture bem.

Cubra seis cupcakes com cobertura laranja e os outros seis com a amarela, usando 1 colher (chá) para espalhar de modo uniforme. Decore com as tiras de laranja e de limão, pressionando-as um pouco. Deixe firmar.

Variação: cupcake de groselha e flor de sabugueiro. Faça a massa como acima, com 2 colheres (sopa) de infusão de flor de sabugueiro no lugar da água de flor de laranjeira. Asse como indicado acima. Corte 100 g de groselha ou outra fruta vermelha em tiras finas e aqueça numa panela pequena com 2 colheres (sopa) de água por 2 minutos, até amolecerem. Dissolva 2 colheres (sopa) de geleia de groselha e passe por uma peneira. Misture com 1 colher (sopa) de água fervente e as frutinhas. Bata 150 ml de creme de leite com a infusão de flor de sabugueiro e espalhe sobre os cupcakes já frios. Por cima, enfeite com a mistura.

bolinho de banana e mel

12 unidades
Preparo: **20 minutos**
Cozimento: **25 minutos**

125 g de **farinha de trigo**
1 colher (chá) de **fermento em pó**
½ colher (chá) de **bicarbonato de sódio**
75 g de **manteiga sem sal** derretida
75 g de **açúcar mascavo**
2 **ovos** batidos
2 **bananas pequenas bem maduras** amassadas

Cobertura
100 g de **manteiga sem sal** em temperatura ambiente
5 colheres (sopa) de **mel**
5 colheres (sopa) de **açúcar de confeiteiro**
rodelas de **banana seca** (opcional)

Forre as doze divisórias de uma fôrma com forminhas de papel. Peneire a farinha, o fermento e o bicarbonato numa tigela.

Misture a manteiga derretida, o açúcar mascavo, os ovos e as bananas amassadas em outra tigela. Acrescente os ingredientes secos e misture com cuidado, até ficar homogêneo. Distribua a massa nas forminhas.

Asse em forno preaquecido a 160°C por 25 minutos, até que cresçam e fiquem firmes ao toque. Transfira para uma grade (ou travessa) para esfriar.

Bata a manteiga, o mel e o açúcar de confeiteiro numa tigela até obter um creme. Espalhe sobre os cupcakes com uma faca pequena lisa. Se quiser, decore com as rodelas de banana seca.

Variação: bolinho de banana e iogurte. Amasse 1 banana grande bem madura. Bata 100 g de manteiga sem sal em temperatura ambiente e 75 g de açúcar mascavo até obter um creme claro. Bata junto a banana, 1 ovo e 150 ml de iogurte natural. Peneire 150 g de farinha de trigo com fermento e ½ colher (chá) de fermento em pó na tigela e misture delicadamente. Distribua em doze forminhas de papel e asse como acima. Transfira para uma travessa e regue cada bolinho com 1 colher (chá) de melado. Sirva quente ou frio.

cupcake crocante de maçã

12 unidades
Preparo: **20 minutos**, mais o tempo para esfriar
Cozimento: **45 minutos - 1 hora**

óleo de girassol, para untar
2½ **maçãs** cortadas em cubos de 1 cm
200 g de **açúcar mascavo**
175 g de **manteiga sem sal** em temperatura ambiente
225 g de **farinha de trigo com fermento**
1 colher (chá) de **fermento em pó**
½ colher (chá) de **canela em pó**
3 **ovos**
3 colheres (sopa) de **amêndoa em flocos**
açúcar de confeiteiro, para polvilhar

Forre as doze divisórias de uma fôrma de cupcakes com forminhas de papel. Forre uma assadeira com papel-alumínio, unte com o óleo e espalhe os cubos de maçã. Salpique 25 g de açúcar mascavo e leve ao forno preaquecido a 200°C por 20-30 minutos, até que a fruta fique macia e comece a escurecer. Retire do forno e deixe esfriar. Reduza a temperatura para 180°C.

Coloque 150 g de açúcar, 150 g de manteiga, 175 g de farinha, o fermento, a canela e os ovos numa tigela e bata com a batedeira por cerca de 1 minuto, até ficar leve e cremoso. Distribua a massa nas forminhas, alise a superfície e cubra com a maçã em cubos.

Bata o restante da manteiga e da farinha no processador até obter a consistência de farofa. Junte o restante do açúcar mascavo e bata mais um pouco para misturar. Espalhe a farofa sobre os cupcakes e salpique a amêndoa.

Asse por 25-30 minutos, até que tenham crescido e dourado. Transfira para uma grade (ou travessa) para esfriar. Sirva polvilhado com açúcar de confeiteiro.

Variação: cupcake com farofa de framboesa. Faça a massa como acima, mas substitua 25 g da farinha por 25 g de aveia. Distribua-a nas forminhas e alise a superfície. Espalhe 1 colher (chá) de geleia de framboesa sobre cada uma. Bata 25 g de farinha, 25 g de aveia e 25 g de manteiga no processador, até ficar homogêneo. Adicione 25 g de açúcar demerara e processe mais um pouco. Espalhe sobre a camada de geleia, salpique a amêndoa e asse como indicado acima.

cupcake de maracujá

12 unidades
Preparo: **20 minutos**
Cozimento: **20-25 minutos**

150 g de **manteiga sem sal** em temperatura ambiente
150 g de **açúcar**
3 **ovos**
150 g de **farinha de trigo com fermento**
½ colher (chá) de **fermento em pó**
1 colher (chá) de **extrato de baunilha**
4 **maracujás**
150 ml de **creme de leite**
100-150 g de **açúcar de confeiteiro**, mais 1 colher (sopa)

Forre as doze divisórias de uma fôrma de muffin com forminhas de papel. Coloque a manteiga e o açúcar, os ovos, a farinha, o fermento e o extrato de baunilha numa tigela e bata com a batedeira por cerca de 1 minuto, até ficar leve e cremoso. Distribua nas forminhas.

Asse em forno preaquecido a 180°C por 20-25 minutos, até que cresçam e fiquem firmes ao toque. Transfira para uma grade (ou travessa) para esfriar.

Corte 2 maracujás e, numa tigela, misture a polpa com o creme de leite e 1 colher (sopa) de açúcar de confeiteiro. Bata até ficar cremoso e um pouco firme.

Retire os cupcakes das forminhas e corte-os ao meio, na horizontal. Recheie com o creme de maracujá.

Tire a polpa dos 2 maracujás restantes e coloque numa tigela. Bata aos poucos com o restante do açúcar de confeiteiro, até obter uma cobertura. Espalhe sobre os cupcakes.

Variação: cupcake de pêssego e amora. Faça a massa e asse como acima. Deixe esfriar e corte os cupcakes ao meio, na horizontal. Bata 150 ml de creme de leite com 1 colher (sopa) de licor ou de suco de laranja e recheie os cupcakes. Por cima do recheio, distribua 1 pêssego picado e 75 g de amora picada e outras frutas vermelhas. Feche e polvilhe bastante açúcar de confeiteiro.

cupcake de marshmallow

12 unidades
Preparo: **25 minutos**, mais o tempo para esfriar
Cozimento: **25 minutos**

50 g de **marshmallow**
125 g de **manteiga sem sal** em temperatura ambiente
100 g de **açúcar**
2 **ovos**
150 g de **farinha de trigo com fermento**
½ colher (chá) de **fermento em pó**
1 colher (chá) de **extrato de baunilha**

Cobertura
75 g de **marshmallow**, mais alguns picados para decorar
300 ml de **creme de leite**

Forre as doze divisórias da fôrma de cupcakes com forminhas de papel-manteiga. Pique os marshmallows que vão na massa com uma tesoura.

Coloque os outros ingredientes do bolo numa tigela e bata com a batedeira por cerca de 1 minuto, até ficar leve e cremoso. Junte o marshmallow picado e distribua nas forminhas.

Asse em forno preaquecido a 180°C por 20 minutos, até que cresçam e fiquem firmes ao toque. Transfira para uma grade (ou travessa) para esfriar.

Pique o marshmallow da cobertura e coloque ⅓ numa panela pequena com metade do creme de leite. Aqueça em fogo baixo até derreter. Passe para uma tigela e deixe esfriar.

Bata o restante do creme de leite até começar a formar picos. Misture com o creme de marshmallow e o marshmallow picado e espalhe sobre os cupcakes. Salpique mais marshmallow picadinho.

Variação: cupcake de coco rosa. Misture 100 g de coco ralado com um pouco de corante comestível rosa. Faça como acima, mas adicione o coco à tigela com os outros ingredientes da massa, porém sem o marshmallow. Asse como indicado acima. Bata 200 ml de creme de leite com 1 colher (sopa) de açúcar de confeiteiro até ficar um pouco firme. Espalhe sobre os cupcakes já frios e salpique coco ralado.

cupcake de ameixa

9 unidades
Preparo: **20 minutos**
Cozimento: **20-25 minutos**

óleo vegetal para untar
150 g de **farinha de milho**
100 g de **açúcar**
1 colher (chá) de **fermento em pó**
75 g de **amêndoa** moída
½ colher (chá) de **extrato de amêndoa**
75 ml de **creme de leite fresco**
3 colheres (sopa) de **óleo vegetal**
raspas de 1 **limão**, mais 4 colheres (chá) do **suco**
2 **ovos**
2 **ameixas vermelhas** maduras sem caroço, cortadas em meias-luas
2 colheres (sopa) de **mel**

Unte nove divisórias de uma fôrma de cupcakes, de preferência antiaderente. Misture a farinha de milho, o açúcar, o fermento e a amêndoa moída numa tigela.

Bata o extrato de amêndoa, o creme de leite fresco, o óleo, as raspas de limão e os ovos em outra tigela até ficar homogêneo. Misture aos ingredientes secos até obter uma pasta espessa.

Distribua a massa nas divisórias da fôrma e coloque duas meias-luas de ameixa por cima de cada uma.

Asse em forno preaquecido a 180°C por 20-25 minutos, até que tenham crescido e comecem a escurecer nas beiradas.

Deixe na fôrma por 5 minutos, depois solte as laterais com uma faca e passe-os para uma travessa.

Fure o topo dos cupcakes com um palito e regue o suco de limão misturado com mel por cima.

Variação: cupcake de abacaxi e coco. Coloque 100 g de açúcar no processador com 75 g de coco ralado e bata até ficar homogêneo. Misture com a farinha de milho e o fermento como acima (sem a amêndoa). Prossiga no preparo da massa como acima, mas use raspas de 1 laranja em vez de limão. Distribua a massa em doze forminhas e decore com pedaços de abacaxi em vez de ameixa. Fure o topo dos cupcakes com um palito e regue-os, ainda quentes, com 4 colheres (chá) de suco de lima misturado com 2 colheres (sopa) de mel.

cupcake maltado com uva-passa

12 unidades
Preparo: **10 minutos**, mais o tempo para descansar
Cozimento: **20 minutos**

40 g de **manteiga sem sal** cortada em pedaços
75 g de **cereal matinal** rico em fibras
225 ml de **leite**
100 g de **xarope de agave** ou **açúcar mascavo**
125 g de **uva-passa**
125 g de **farinha de trigo com fermento**
½ colher (chá) de **fermento em pó**

Forre as doze divisórias de uma fôrma de cupcakes com forminhas de papel. Coloque a manteiga e o cereal numa vasilha refratária.

Aqueça o leite até quase ferver e despeje por cima. Deixe descansar por 10-15 minutos, até que o cereal amoleça bem e esfrie um pouco. Junte o xarope de agave ou o açúcar mascavo e a uva-passa.

Peneire a farinha e o fermento por cima dos outros ingredientes e misture. Distribua nas forminhas.

Asse em forno preaquecido a 180°C por 20 minutos, até que cresçam e fiquem firmes ao toque. Transfira para uma grade (ou travessa) para esfriar.

Acompanhamento: manteiga cremosa de canela. Para servir com os cupcakes, bata 100 g de manteiga sem sal numa tigela com 50 g de açúcar de confeiteiro, até ficar leve e fofo. Junte ½ colher (chá) de canela em pó com 2 colheres (chá) de água fervente. Bata até ficar homogêneo. Use a manteiga para rechear os cupcakes ou transfira para uma tigela pequena e sirva à parte.

cupcake de limão com sementinhas

12 unidades

Preparo: **20 minutos**, mais o tempo para esfriar

Cozimento: cerca de **1 hora**

2 **limões**

100 g de **avelã moída**

50 g de **farinha de espelta**

1 colher (chá) de **fermento em pó**

2 colheres (sopa) de **semente de linhaça** ou outra de sua preferência

2 **ovos**

5 colheres (sopa) de **xarope de agave** ou **mel**, mais um pouco para regar

50 g de **manteiga sem sal** derretida

50 g de **uva-passa branca**

Forre as doze divisórias da fôrma de cupcakes com forminhas de papel. Corte 1 limão em doze rodelas finas. Coloque-as com o outro limão inteiro numa panela e cubra com água fervente. Ferva em fogo baixo por 20-30 minutos, até que as rodelas fiquem macias. Escorra-as e reserve. Cozinhe o limão inteiro por mais 15 minutos, até amolecer bem. Escorra e deixe esfriar.

Corte o limão ao meio e retire as sementes. Pique e bata no processador para obter um purê.

Misture a avelã moída numa tigela com a farinha, o fermento e as sementes. Misture os ovos com o purê de limão, o xarope de agave (ou mel) e a manteiga derretida e depois junte aos ingredientes secos com a uva-passa. Mexa até ficar homogêneo.

Distribua a massa nas forminhas e coloque uma rodela de limão sobre cada uma. Regue com xarope de agave.

Asse em forno preaquecido a 180°C por 20 minutos, até que tenham crescido e dourado. Transfira para uma grade (ou travessa) para esfriar.

Variação: cupcake de laranja e castanha-do-pará. Cozinhe 1 laranja pequena como acima. Escorra e bata no processador com os ovos, a manteiga derretida, o xarope de agave e a uva-passa para obter um purê. Pique e moa 100 g de castanha-do-pará. Misture com farinha, fermento (como acima), ½ colher (chá) de pimenta-da-jamaica em pó (sem as sementes). Misture com o purê e continue como na receita acima. Ponha uma castanha sobre cada cupcake.

cupcake de gengibre com cobertura

18 unidades
Preparo: **20 minutos**
Cozimento: **30 minutos**

225 g de **farinha de trigo**
2 colheres (sopa) de **gengibre em pó**
1 colher (chá) de **fermento em pó**
½ colher (chá) de **bicarbonato de sódio**
75 g de **manteiga sem sal** em pedaços
100 g de **açúcar mascavo**
150 g de **melado**, mais um pouco para decorar
150 ml de **leite**
1 **ovo** batido
100 g de **frutas secas**
150 g de **açúcar de confeiteiro**
3-4 colheres (chá) de **água**

Forre dezoito divisórias de duas fôrmas de cupcakes com forminhas de papel. Coloque a farinha, o gengibre, o fermento e o bicarbonato numa tigela.

Coloque a manteiga numa panela pequena com o açúcar mascavo e o melado, e aqueça até derreter tudo. Retire do fogo e junte o leite, depois o ovo. Misture aos ingredientes secos e às frutas secas até ficar homogêneo. Distribua nas forminhas.

Asse em forno preaquecido a 160°C por 25 minutos, até que cresçam e fiquem firmes ao toque. Transfira para uma grade (ou travessa) para esfriar.

Misture o açúcar de confeiteiro com a água, para obter uma cobertura, e espalhe sobre os cupcakes. Cubra também com um pouco de melado, criando uma decoração.

Variação: minicupcake de fruta. Faça a massa como acima, mas substitua 50 g da farinha de trigo por 50 g de aveia integral. Use 50 g de frutas secas e 50 g de tâmara, ameixa ou figo seco picado. Quando a massa já estiver nas forminhas, salpique a aveia, antes de assar como indicado acima. Não faça a cobertura.

cupcake de café da manhã

12 unidades
Preparo: **10 minutos**
Cozimento: **15 minutos**

manteiga para untar (opcional)
65 g de **aveia para mingau**
100 g de **nozes-pecãs** picadas
100 g de **amêndoa** sem casca, **picada**
50 g de **amêndoa em flocos**
50 g de **amêndoa moída**
150 g de **tâmara seca** picada
50 g de **uva-passa**
75 ml de **xarope de agave**

Forre as doze divisórias de uma fôrma de cupcakes com forminhas de papel e unte um pouco. Torre levemente a aveia numa frigideira. Misture com os outros ingredientes, exceto o xarope de agave, numa tigela.

Adicione o xarope e misture bem, até começar a dar liga – é melhor fazer isso com as mãos. Distribua a massa nas forminhas e pressione um pouco.

Asse em forno preaquecido a 200°C por 15 minutos. Transfira para uma grade (ou travessa) para esfriar.

Variação: cupcake de damasco e avelã. Faça a massa como acima, mas use 100 g de avelã e 150 g de damasco seco no lugar das nozes e da tâmara e acrescente ½ colher (chá) de especiarias e ½ colher (chá) de canela em pó. Asse como indicado acima.

cupcakes de chocolate

cupcake tentação

12 unidades
Preparo: **20 minutos**
Cozimento: **25 minutos**

125 g de **manteiga sem sal** em temperatura ambiente
150 g de **açúcar mascavo**
2 **ovos**
100 g **farinha de trigo com fermento**
50 g de **chocolate em pó**
½ colher (chá) de **fermento em pó**
1 receita de **cobertura de chocolate branco** (p. 18) e **cobertura de chocolate** (p. 18)

Forre as doze divisórias da fôrma de cupcakes com forminhas de papel. Coloque a manteiga, o açúcar mascavo, os ovos, a farinha, o chòcolate em pó e o fermento numa tigela e bata com a batedeira por cerca de 1 minuto, até ficar leve e cremoso. Distribua por igual nas forminhas.

Asse em forno preaquecido a 180°C por 20 minutos, até que cresçam e fiquem firmes ao toque. Transfira para uma grade (ou travessa).

Espalhe a cobertura sobre os cupcakes ainda quentes.

Variação: cupcake de chocolate branco. Faça os cupcakes como acima. Prepare a receita de cobertura de chocolate branco (p. 18) em vez da de chocolate comum e faça uma espiral decorativa sobre os bolinhos ainda quentes.

triplo chocolate crocante

10 unidades
Preparo: **10 minutos**, mais o tempo para descansar

150 g de **biscoito amanteigado**
50 g de **chocolate branco** picado
50 g de **chocolate ao leite** picado
250 g de **chocolate amargo** picado
2 colheres (sopa) de **leite**
75 g de **manteiga sem sal**
1 colher (sopa) de **glicose de milho**
raspas de **chocolate,** para decorar (opcional)

Forre dez divisórias da fôrma com forminhas de papel--manteiga. Coloque os biscoitos dentro de um saco plástico e triture passando o rolo de macarrão por cima.

Misture o biscoito triturado com os chocolates branco e ao leite numa tigela.

Coloque o chocolate amargo numa vasilha refratária, o leite, a manteiga e a glicose de milho. Encaixe a vasilha sobre uma panela com água fervente em fogo baixo (banho-maria) e deixe até que o chocolate e a manteiga derretam, mexendo sempre para obter um creme liso. Deixe esfriar, mas não endurecer.

Acrescente o biscoito e o chocolate picado e misture até o creme de chocolate cobrir tudo. Distribua nas forminhas e deixe descansar para firmar. Se quiser, decore com raspas de chocolate e coloque num ramequim para servir.

Variação: cupcake de frutas e nozes. Derreta o chocolate amargo com o leite, a manteiga e a glicose de milho como indicado acima e salpique 40 g de gengibre em conserva picado. Deixe esfriar, mas não endurecer. Salpique 100 g de nozes picadas, 75 g de tâmara seca sem caroço e 50 g de uva--passa. Misture com cuidado, distribua nas forminhas e deixe firmar.

minicheesecake de chocolate

6 unidades
Preparo: **25 minutos**, mais o tempo para esfriar
Cozimento: **25 minutos**

100 g de **biscoito comum**
1 colher (chá) de **gengibre em pó**
40 g de **manteiga sem sal** derretida
200 g de **cream cheese light**
75 g de **açúcar mascavo**
1 **ovo**
100 g de **chocolate amargo** picado
2 colheres (sopa) de **conhaque** ou **licor de laranja**
1 colher (sopa) de **água**
150 ml de **creme de leite**
lascas ou **canudinhos de chocolate** para decorar

Coloque os biscoitos num saco plástico e use o rolo de macarrão para triturá-los ou bata-os no processador até ficarem moídos. Misture com o gengibre e a manteiga derretida.

Divida a massa de biscoito em seis forminhas de muffin de papel resistente e pressione no fundo com as costas de 1 colher (chá). Coloque nas divisórias de uma fôrma para muffins.

Bata o cream cheese numa tigela com o açúcar e o ovo e reserve. Coloque o chocolate, o conhaque, ou licor de laranja, e a água numa vasilha refratária, encaixe sobre uma panela com água fervente em fogo baixo (banho-maria) e deixe até derreter, mexendo para obter um creme liso. Junte o creme de cream cheese e distribua nas forminhas.

Asse em forno preaquecido a 160°C por 20 minutos, até firmar um pouco a superfície – quando esfriarem, vão firmar mais. Deixe na fôrma até esfriarem por completo.

Bata o creme de leite numa tigela até ficar firme. Retire os minicheesecakes das forminhas e cubra cada um com 1 colher (sopa) do creme batido. Decore com canudinhos ou lascas de chocolate.

Variação: minicheesecake com wafer de chocolate. Faça a massa-base de biscoitos como acima, mas sem o gengibre. Distribua nas forminhas. Faça os cheesecakes como acima, mas reduza o açúcar para 50 g e use 100 g de chocolate branco picado em vez de chocolate amargo. Quando estiverem frios, cubra com um pouco de chantili e salpique 75 g de wafer de chocolate esmigalhado.

bolinho de chocolate branco

18 unidades
Preparo: **25 minutos**, mais o tempo para esfriar
Cozimento: **25 minutos**

150 g de **manteiga sem sal** em temperatura ambiente
150 g de **açúcar**
175 g de **farinha de trigo com fermento**
3 **ovos**
1 colher (chá) de **extrato de baunilha**
50 g de **gota de chocolate branco**
100 g de **chocolate branco em barra**
1 receita de **cobertura de chocolate branco** (p. 18)
açúcar de confeiteiro, para polvilhar

Forre dezoito divisórias de duas fôrmas com forminhas de papel. Coloque a manteiga, o açúcar, a farinha, os ovos e o extrato de baunilha numa tigela e bata com a batedeira por 1-2 minutos, até ficar leve e cremoso. Junte as gotas de chocolate. Distribua nas forminhas de papel por igual.

Asse em forno preaquecido a 180°C por 20 minutos, até que cresçam e fiquem firmes ao toque. Transfira para uma grade (ou travessa) para esfriar.

Corte espirais da barra de chocolate usando um cortador de legumes. Se as espirais quebrarem, tente amolecer o chocolate no micro-ondas por alguns segundos, mas com cuidado para não derreter. Reserve as espirais.

Espalhe a cobertura sobre os cupcakes usando uma faca pequena lisa. Espalhe as espirais de chocolate por cima e polvilhe açúcar de confeiteiro.

Variação: bolinho de chocolate branco com coco. Faça-os como indicado acima. Deixe esfriar. Derreta 175 g de chocolate branco (pp. 16-7). Separe ⅓ do chocolate derretido em uma tigela pequena e misture 75 g de coco ralado aos ⅔ restantes. Espalhe uma camada fina de chocolate derretido sobre os bolinhos e cubra com a mistura de chocolate e coco. Deixe firmar.

cupcake de chocolate com laranja

12 unidades
Preparo: **20 minutos**, mais o tempo para esfriar
Cozimento: **25 minutos**

125 g de **manteiga sem sal** em temperatura ambiente
125 g de **açúcar**
2 **ovos**
125 g de **farinha de trigo com fermento**
25 g de **chocolate em pó**
½ colher (chá) de **fermento em pó**
raspas finas de 1 **laranja**
casca cristalizada de laranja para decorar (opcional)

Cobertura
100 g de **chocolate amargo** picado
100 g de **manteiga sem sal** em temperatura ambiente
125 g de **açúcar de confeiteiro**
2 colheres (sopa) de **chocolate em pó**

Forre as doze divisórias de uma fôrma de cupcakes com forminhas de papel. Coloque a manteiga, o açúcar, os ovos, a farinha, o chocolate, o fermento e as raspas de laranja numa tigela e bata com a batedeira por cerca de 1 minuto, até ficar leve e cremoso. Distribua a massa nas forminhas.

Asse em forno preaquecido a 180°C por 20 minutos, até que cresçam e fiquem firmes ao toque. Transfira para uma grade (ou travessa) para esfriar.

Derreta o chocolate (pp. 16-7) e deixe esfriar. Bata a manteiga, o açúcar de confeiteiro e o chocolate em pó numa tigela até obter um creme. Junte o chocolate derretido. Crie uma decoração com esse creme sobre os cupcakes e, se quiser, finalize com a casca de laranja cristalizada.

Variação: cupcake com chocolate e ameixa seca. Pique 75 g de ameixa sem caroço e coloque numa tigela com 2 colheres (chá) de conhaque. Deixe de molho por 30 minutos. Faça a massa como acima, incorporando o conhaque que não tiver sido absorvido pela ameixa, e distribua nas forminhas. Espalhe a ameixa por cima e asse como indicado acima. Deixe esfriar antes de cobrir com 25 g de chocolate amargo derretido.

cupcake de chocolate com amendoim

12 unidades
Preparo: **25 minutos**, mais o tempo para descansar e esfriar
Cozimento: **30 minutos**

150 g de **manteiga sem sal** em temperatura ambiente
250 g de **açúcar**
3 **ovos**
150 g de **farinha de trigo com fermento**
25 g de **chocolate em pó**
½ colher (chá) de **fermento**
50 g de **amendoim salgado**
3 colheres (chá) de **água**
75 ml de **creme de leite**
25 g de **manteiga sem sal**
100 g de **chocolate amargo** picado
1 colher (sopa) de **glicose de milho**

Forre as doze divisórias da fôrma de bolinhos com forminhas de papel. Coloque a manteiga, 150 g do açúcar, os ovos, a farinha, o chocolate e o fermento numa tigela e bata com a batedeira por cerca de 1 minuto, até ficar leve e cremoso. Distribua nas forminhas.

Asse em forno preaquecido a 180°C por 20 minutos, até que cresçam e fiquem firmes ao toque. Transfira para uma grade (ou travessa) para esfriar.

Quebre os amendoins em pedacinhos. Coloque o restante do açúcar numa panela pequena com a água e aqueça levemente, até dissolver. Deixe ferver por 4-5 minutos, até obter uma calda dourada. Mergulhe o fundo da panela em água fria para interromper o cozimento.

Acrescente 50 ml de creme de leite e a manteiga à calda e aqueça em fogo baixo, mexendo, para obter um caramelo liso. Junte o amendoim picado e deixe esfriar, mas não firmar. Espalhe sobre os cupcakes. Derreta o chocolate com o restante do creme de leite e a glicose de milho em fogo baixo. Espalhe um pouco sobre cada bolinho e deixe firmar.

Variação: cupcake de chocolate com geleia de laranja. Faça a massa como acima, mas acrescente as raspas finas de ½ laranja. Asse como indicado e deixe esfriar. Aqueça 5 colheres (sopa) de geleia de laranja numa panela pequena com 1 colher (chá) de água até dissolver. Deixe esfriar, mas não firmar. Espalhe sobre os cupcakes. Derreta 100 g de chocolate amargo (pp. 16-7) e espalhe por cima. Espere firmar.

cupcake com três chocolates

12 unidades
Preparo: **30 minutos**, mais o tempo para descansar e firmar
Cozimento: **25 minutos**

100 g de **chocolate branco** picado
100 g de **chocolate ao leite** picado
100 g de **chocolate amargo** picado
40 g de **manteiga sem sal**
12 **cupcakes de chocolate** (p. 22)
chocolate em pó, para polvilhar

Coloque os chocolates branco, ao leite e amargo em recipientes separados para micro-ondas e adicione ⅓ da manteiga a cada um. Derreta os três no micro-ondas ou em banho-maria, sobre água fervente. Mexa de vez em quando para ficarem cremosos.

Espalhe o chocolate branco derretido sobre quatro dos cupcakes, usando uma faca pequena lisa, e polvilhe um pouco de chocolate em pó.

Distribua 2 colheres (sopa) do chocolate ao leite e do chocolate amargo em dois sacos de confeitar diferentes. Encaixe bicos próprios para escrever. Espalhe chocolate ao leite sobre quatro cupcakes e decore com pingos de chocolate amargo.

Espalhe o chocolate amargo nos quatro cupcakes restantes e decore com linhas de chocolate ao leite. Deixe firmar.

Variação: cupcake de chocolate duplo. Faça a massa como indicado na p. 22, mas salpique com pedacinhos de 75 g de chocolate ao leite antes de levar ao forno. Após assar, deixe esfriar. Bata 200 ml de creme de leite com 1 colher (sopa) de açúcar de confeiteiro até ficar firme. Coloque num saco de confeitar com bico pitanga e use para decorar os cupcakes, deixando um buraco no centro. Derreta 75 g de chocolate amargo com 15 g de manteiga e 1 colher (sopa) de glicose de milho e preencha o centro da decoração.

bolinho de chocolate branco com menta

12 unidades
Preparo: **20 minutos**
Cozimento: **20 minutos**

8 g de **folhas de menta** ou **de hortelã**
100 g de **açúcar**
125 g de **manteiga sem sal** em temperatura ambiente
2 **ovos**
150 g de **farinha de trigo com fermento**
½ colher (chá) de **fermento em pó**
175 g de **chocolate branco** picado
açúcar de confeiteiro

Forre as doze divisórias de uma fôrma de bolinhos com forminhas de papel. Coloque as folhas de menta ou hortelã num refratário, cubra com água fervente e deixe por 30 segundos. Escorra e seque sobre papel--toalha. Coloque as folhas no processador com o açúcar e bata até picar as folhas.

Transfira o açúcar com menta para uma tigela e adicione a manteiga, os ovos, a farinha e o fermento em pó. Bata com a batedeira por cerca de 1 minuto, até ficar leve e cremoso.

Junte 100 g do chocolate e distribua a massa nas forminhas. Salpique o restante do chocolate.

Asse em forno preaquecido a 180°C por 20 minutos, até quem cresçam e fiquem firmes ao toque. Transfira para uma grade (ou travessa) para esfriar. Polvilhe um pouco de açúcar de confeiteiro.

Variação: bolinho de cardamomo com cobertura de chocolate branco. Faça a massa como acima, mas sem a menta, juntando apenas o açúcar com os outros ingredientes antes de bater. Adicione as sementes amassadas de 10 bagas de cardamomo. Asse como indicado e deixe esfriar. Aqueça 150 ml de creme de leite numa panela pequena até começar a borbulhar. Retire do fogo e junte 150 g de chocolate branco picado. Mexa até derreter, passe para uma tigela e deixe esfriar. Quando estiver frio e firme o suficiente para manter a forma ao se mexer, espalhe sobre os bolinhos e alise com as costas de uma colher.

cupcake de chocolate e morango

12 unidades
Preparo: **30 minutos**
Cozimento: **30 minutos**

75 g de **chocolate em pó**
225 ml de **água fervente**
125 g de **manteiga sem sal** em temperatura ambiente
275 g de **açúcar mascavo**
2 **ovos**
200 g de **farinha de trigo**
1 colher (chá) **de fermento em pó**
chantili, para servir (opcional)

Para decorar
150 ml de **creme de leite**
4 colheres (sopa) de **açúcar de confeiteiro**
4 colheres (sopa) de **água**
275 g de **chocolate amargo**
12 **morangos frescos**

Forre as doze divisórias da fôrma com forminhas de papel-manteiga. Coloque o chocolate numa vasilha refratária e bata com a água fervente. Deixe esfriar.

Bata a manteiga e o açúcar mascavo em outra tigela. Vá adicionando os ovos. Peneire por cima a farinha e o fermento e misture. Depois, adicione o creme de chocolate, misturando sempre. Distribua a massa nas forminhas.

Asse em forno preaquecido a 180°C por 25 minutos, até que cresçam e fiquem firmes ao toque. Retire, deixe descansar por 10 minutos e transfira para uma grade (ou travessa) para esfriar.

Coloque o creme de leite, o açúcar de confeiteiro e a água numa panela pequena e leve ao fogo até ferver. Retire e misture 200 g do chocolate. Deixe esfriar, mexendo às vezes, até ficar cremoso e brilhante.

Retire as forminhas e coloque um pouco da cobertura sobre cada bolinho, deixando escorrer pelas laterais.

Derreta o restante do chocolate (pp. 16-7). Mergulhe os morangos até a metade e decore os cupcakes. Sirva com chantili, se quiser.

Variação: bolinho de chocolate e amêndoa.
Faça a massa como acima, distribua nas forminhas e salpique 3 colheres (sopa) de amêndoa em flocos. Asse e deixe esfriar. Bata 150 ml de creme de leite com 1 colher (sopa) de açúcar de confeiteiro e 1 colher (sopa) de licor de amêndoa. Recheie e polvilhe açúcar de confeiteiro.

bolinho quente tipo brownie

12 unidades
Preparo: **10 minutos**
Cozimento: **12 minutos**

100 g de **chocolate ao leite**
100 g de **nozes-pecãs**
200 g de **chocolate amargo** picado
150 g de **manteiga sem sal**
3 **ovos**
200 g de **açúcar mascavo**
125 g de **farinha de trigo com fermento**
½ colher (chá) de **fermento em pó**
chocolate em pó, para polvilhar
sorvete, para servir

Forre as doze divisórias de uma fôrma de bolinhos com forminhas de papel. Pique o chocolate ao leite e as nozes em pedacinhos.

Derreta o chocolate amargo com a manteiga (pp. 16-7), mexendo até ficar cremoso.

Bata os ovos e o açúcar numa tigela, depois junte o creme de chocolate. Peneire a farinha e o fermento em pó por cima e misture delicadamente.

Junte o chocolate ao leite e as nozes e distribua a massa nas forminhas.

Asse em forno preaquecido a 190°C por 12 minutos, até que se forme uma crosta sobre os bolinhos, que ficam mais macios por dentro. Deixe esfriar na fôrma por 10 minutos. Transfira para pratos individuais e coloque uma bola de sorvete sobre cada bolinho. Polvilhe chocolate em pó, se quiser. Também pode-se servir frio.

Variação: cupcake de "chocolate loiro". Pique 200 g de chocolate branco. Derreta mais 100 g de chocolate branco com 75 g de manteiga numa tigela pequena. Bata 3 ovos e 100 g de açúcar numa tigela separada. Junte o chocolate derretido. Peneire 125 g de farinha de trigo com fermento por cima e misture delicadamente, incorporando também 100 g de amêndoa sem casca picada e o chocolate picado. Distribua nas forminhas e asse como indicado acima.

cupcake de chocolate com caramelo

12 unidades
Preparo: **25 minutos**, mais o tempo para esfriar e firmar
Cozimento: **30 minutos**

200 ml de **leite condensado**
50 g de **açúcar**
65 g de **manteiga sem sal**
2 colheres (sopa) de **glicose de milho**
12 **cupcakes de baunilha** (p. 22)
100 g de **chocolate amargo** picado
100 g de **chocolate ao leite** picado

Coloque o leite condensado, o açúcar, a manteiga e a glicose de milho numa panela média de fundo grosso. Aqueça em fogo baixo, mexendo até o açúcar dissolver. Cozinhe, mexendo sempre, por mais 5 minutos, até obter um caramelo claro.

Deixe esfriar por 2 minutos, depois espalhe sobre os cupcakes já frios.

Derreta o chocolate amargo e o chocolate ao leite em recipientes separados (pp. 16-7). Coloque algumas colheres (chá) de cada chocolate sobre um bolinho e bata-o um pouco na mesa para assentar a cobertura. Misture os chocolates com a ponta de um palito, criando um efeito marmorizado.

Faça o mesmo com os outros bolinhos. Deixe o chocolate esfriar antes de servir.

Variação: cupcake de chocolate com menta. Misture 200 g de açúcar de confeiteiro com 1 colher (chá) de extrato natural de menta ou de hortelã e 1-2 colheres (chá) de água numa tigela até obter uma cobertura firme. Espalhe sobre os cupcakes com uma faca pequena lisa e deixe firmar. Derreta 100 g de chocolate amargo e espalhe por cima.

cupcake de chocolate com frutas

8 unidades
Preparo: **15 minutos**
Cozimento: **35 minutos**

65 g de **manteiga sem sal** em temperatura ambiente
65 g de **açúcar mascavo**
65 g de **farinha de trigo**
15 g de **chocolate em pó**
1 colher (chá) de **especiarias em pó**
1 ovo
50 g de **castanha** picada
100 g de **chocolate ao leite** picado
25 g de **gengibre cristalizado** picado
100 g de **frutas secas** variadas
açúcar demerara, para polvilhar

Forre oito divisórias de uma fôrma de bolinhos com forminhas de papel. Bata a manteiga e o açúcar mascavo com a batedeira, até obter um creme claro. Peneire a farinha, o chocolate e as especiarias sobre uma tigela.

Aos poucos, incorpore o ovo ao creme de manteiga, depois junte os ingredientes secos.

Reserve 2 colheres (sopa) de castanhas e outras 2 de chocolate. Junte o restante com a massa, o gengibre e as frutas secas. Misture bem.

Distribua a massa nas forminhas de papel. Salpique as castanhas e o chocolate reservados e polvilhe o açúcar demerara por cima.

Asse em forno preaquecido a 150°C por 35 minutos, até que pareçam firmes ao toque. Transfira para uma grade (ou travessa) para esfriar e coloque os cupcakes numa forminha de papel decorativa.

Variação: cupcake de damasco e chocolate branco. Faça a massa como acima, mas use mais 15 g de farinha de trigo em vez de chocolate em pó e 1 colher (chá) de extrato de baunilha no lugar das especiarias. Substitua a castanha por 50 g de amêndoa picada e o chocolate ao leite por 100 g de chocolate branco picado. Reserve 2 colheres (sopa) de cada e junte o restante à massa com 100 g de damasco seco picado em vez das frutas secas e do gengibre. Distribua a massa nas forminhas, espalhe por cima a castanha e o chocolate reservados e salpique açúcar demerara. Asse como indicado acima.

cupcake moca

12 unidades
Preparo: **15 minutos**, mais o tempo para esfriar e firmar
Cozimento: **30 minutos**

250 ml de **água**
250 g de **açúcar**
125 g de **manteiga sem sal** em temperatura ambiente
2 colheres (sopa) de **chocolate em pó**
½ colher (chá) de **bicarbonato de sódio**
2 colheres (sopa) de **café solúvel**
225 g de **farinha de trigo com fermento**
2 **ovos** levemente batidos

Cobertura
150 g de **chocolate amargo**
2 colheres (sopa) de **glicose de milho**
150 g de **manteiga sem sal**
confeitos de chocolate, para decorar (opcional)

Forre as doze divisórias de uma fôrma de bolinhos com forminhas de papel. Coloque a água e o açúcar numa panela e aqueça em fogo baixo, mexendo, até o açúcar dissolver. Junte a manteiga, o chocolate em pó, o bicarbonato e o café solúvel e deixe ferver. Cozinhe por 5 minutos, depois retire e deixe esfriar.

Junte a farinha peneirada e os ovos à calda de chocolate e café e mexa até ficar cremoso. Distribua nas forminhas.

Asse em forno aquecido a 180°C por 20 minutos, até que cresçam e fiquem firmes ao toque. Transfira para uma grade (ou travessa) para esfriar.

Derreta o chocolate, a glicose de milho e a manteiga numa tigela refratária em banho-maria, sobre água fervente. Mexa até derreter bem. Deixe esfriar, depois leve à geladeira.

Espalhe a cobertura fria sobre os bolinhos e decore com os confeitos de chocolate, se quiser. Deixe firmar.

Variação: cupcake de chocolate, rum e uva-passa. Deixe 50 g de uva-passa de molho em 2 colheres (sopa) de rum por cerca de 1 hora, até incharem um pouco. Faça a massa como acima, mas sem o café, e acrescente a uva-passa ao rum junto com os ovos. Asse e decore como indicado acima.

cupcake de chocolate com framboesa

10 unidades
Preparo: **20 minutos**
Cozimento: **20 minutos**

100 g de **manteiga sem sal**
75 g de **chocolate amargo** em temperatura ambiente
100 g de **amêndoa** moída
125 g de **açúcar**
40 g de **farinha de trigo**
3 **claras**
150 g de **framboesa** fresca ou descongelada
açúcar de confeiteiro, para polvilhar (opcional)

Forre dez divisórias da fôrma de bolinhos com forminhas de papel. Derreta a manteiga numa panela pequena e deixe esfriar. Rale o chocolate – se estiver duro, coloque no micro-ondas por alguns segundos para amolecer um pouco, mas tome cuidado para não aquecer demais e derreter.

Misture a amêndoa, 75 g de açúcar e a farinha numa tigela grande. Junte a manteiga derretida e o chocolate ralado, mexendo até ficar homogêneo.

Bata as claras numa tigela bem limpa até formar picos. Junte aos poucos o restante do açúcar. Com uma colher de metal grande, incorpore metade das claras à mistura de chocolate para deixá-la mais leve, depois junte o restante até ficar homogêneo.

Distribua a massa nas forminhas e espalhe as framboesas por cima.

Asse em forno preaquecido a 200°C por 15 minutos, até dourar e parecer firme ao toque. Transfira para uma grade (ou travessa) e deixe esfriar. Polvilhe o açúcar de confeiteiro e sirva.

Variação: cupcake de chocolate com mirtilo. Faça a massa como acima, mas use 75 g de chocolate branco em vez de chocolate amargo. Distribua nas forminhas de papel e espalhe 100 g de mirtilo fresco ou descongelado por cima. Asse como indicado acima e deixe esfriar. Espalhe por cima dos bolinhos mais 75 g de mirtilo e regue com 50 g de chocolate branco derretido (pp. 16-7).

bolinho de chocolate e ricota

18 unidades
Preparo: **20 minutos**, mais o tempo para esfriar
Cozimento: **20 minutos**

150 g de **manteiga sem sal** em temperatura ambiente
150 g de **açúcar**
3 **ovos**
150 g de **farinha de trigo com fermento**
25 g de **chocolate em pó**, mais um pouco para polvilhar
½ colher (chá) de **fermento em pó**

Recheio
250 g de **ricota**
2 colheres (sopa) de **conhaque**
75 g de **açúcar de confeiteiro**
4 colheres (sopa) de **creme de leite**
100 g de **chocolate amargo** ou **ao leite** picado
50 g de **amêndoa em flocos**
50 g de **cereja em calda**

Forre dezoito divisórias de duas fôrmas de bolinhos com forminhas de papel. Coloque a manteiga, o açúcar, os ovos, a farinha, o chocolate em pó e o fermento numa tigela e bata com a batedeira por 1 minuto, até ficar leve e cremoso. Distribua nas forminhas.

Asse em forno preaquecido a 180°C por 20 minutos, até que cresçam e fiquem firmes ao toque. Transfira para uma grade (ou travessa) e deixe esfriar.

Bata a ricota, o conhaque, o açúcar de confeiteiro e o creme de leite numa tigela. Incorpore o chocolate, a amêndoa e a cereja delicadamente.

Corte uma fatia espessa da parte de cima dos cupcakes, na diagonal, e espalhe o recheio sobre eles. Cubra com as fatias, de modo quc o lado mais espesso fique voltado para cima. Sirva em até 24 horas, polvilhado com chocolate em pó.

Variação: cupcake borboleta de chocolate com creme. Faça a massa e asse como indicado acima, depois deixe esfriar. Aqueça 150 ml de creme de leite numa panela pequena até quase ferver. Passe para um refratário e junte 150 g de chocolate ao leite ou amargo. Mexa bem até o chocolate derreter. Quando o creme estiver frio e um pouco firme, coloque num saco de confeitar com bico pitanga ou de estrela. Use uma faca afiada para cortar um círculo do centro de cada bolinho. Corte o círculo retirado ao meio. Decore os buracos nos bolinhos com o creme. Finque as duas partes do círculo sobre o creme num ângulo de 45°, para fazer as asas da borboleta. Polvilhe um pouco de açúcar de confeiteiro.

cupcake com chocolate e amêndoa

12 unidades
Preparo: **20 minutos**, mais o tempo para esfriar
Cozimento: **20 minutos**

175 g de **manteiga sem sal** em temperatura ambiente
100 g de **açúcar**
150 g de **farinha de trigo com fermento**
3 **ovos**
100 g de **amêndoa** ou **avelã**
65 g de **avelã sem casca** picada
75 g de **chocolate branco** picado
75 g de **chocolate ao leite** picado

Cobertura
250 g de **manteiga sem sal** em temperatura ambiente
50 g de **açúcar com baunilha** (veja ao lado a receita)
100 g de **açúcar de confeiteiro**
2 colheres (chá) de **suco de limão**

Forre as doze divisórias de uma fôrma de muffins com forminhas de papel. Coloque a manteiga, o açúcar, a farinha, os ovos e a amêndoa ou avelã moída numa tigela e bata com a batedeira por 1-2 minutos, até ficar leve e cremoso.

Reserve um punhado de avelã picada para a decoração. Acrescente o restante à massa com os chocolates branco e ao leite. Misture e distribua nas forminhas.

Asse em forno preaquecido a 180°C por 20 minutos, até que cresçam e fiquem firmes ao toque. Transfira para uma grade (ou travessa) e deixe esfriar.

Bata a manteiga, os açúcares e o limão numa tigela, até ficar fofo e claro. Espalhe essa cobertura sobre os cupcakes com uma faca pequena e decore com as avelãs reservadas.

Açúcar com baunilha caseiro. Coloque 500 g de açúcar num recipiente hermético. Parta 2 favas de baunilha no sentido do comprimento e corte-as ao meio. Raspe as sementes sobre o açúcar e tampe o recipiente. Guarde em local fresco pelo menos por 1 semana antes de usar. Chacoalhe o pote com frequência para uniformizar o sabor de baunilha. O açúcar dura vários meses e pode ser misturado a mais açúcar e sementes frescas de baunilha, se perder o sabor.

muffin de chocolate branco e melado

8 unidades
Preparo: **10 minutos**
Cozimento: **20-25 minutos**

300 g de **farinha de trigo com fermento**
1 colher (chá) de **fermento em pó**
125 g de **açúcar mascavo**
1 **ovo**
50 ml de **melado**
250 ml de **leite**
50 g de **manteiga sem sal** derretida
125 g de **chocolate branco** picado, mais um pouco para decorar
75 g de **nozes-pecãs** picadas, mais um pouco para decorar

Forre oito divisórias da fôrma de muffins com forminhas de papel. Peneire a farinha e o fermento sobre uma tigela e junte o açúcar mascavo.

Bata o ovo, o melado, o leite e a manteiga derretida numa tigela separada, depois misture aos ingredientes secos, até ficar homogêneo. Junte o chocolate e as nozes-pecãs.

Distribua a massa nas forminhas e espalhe por cima um pouco de nozes e chocolate.

Asse em forno preaquecido a 200°C por 20-25 minutos, até que tenham crescido e dourado. Transfira para uma grade (ou travessa) para esfriar.

Variação: muffin de chocolate amargo com gengibre. Pique 2 pedaços de gengibre em conserva. Faça a massa como acima, mas use 125 g de chocolate amargo em vez de chocolate branco, 3 colheres (sopa) da conserva do gengibre em vez de melado e 50 g de chocolate em pó em vez de 50 g da farinha. Acrescente o gengibre picado aos ingredientes úmidos. Espalhe por cima as nozes e o chocolate amargo e asse como indicado acima.

cupcakes para crianças

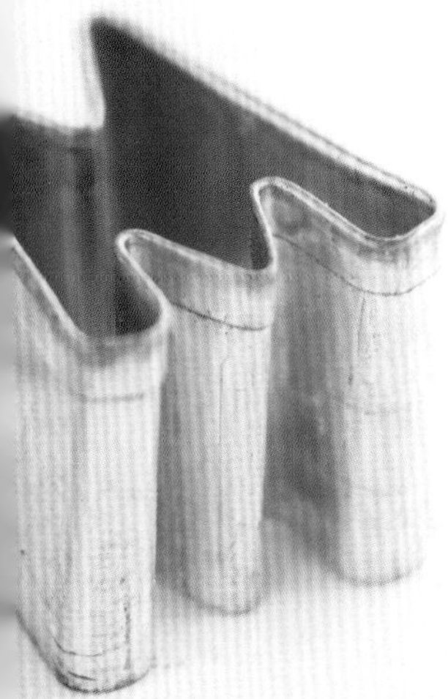

serpente na selva

12 unidades
Preparo: **55 minutos**, mais o tempo para esfriar
Cozimento: **20 minutos**

- 2 colheres (sopa) de **geleia de morango** ou **de framboesa**
- 12 **cupcakes de baunilha** (p. 22)
- 175 g de **pasta americana verde**
- **açúcar de confeiteiro,** para polvilhar
- 50 g de **pasta americana vermelha**
- 50 g de **pasta americana amarela**
- 4 barras de **chocolate aerado** cortadas em pedaços de 5 cm de comprimento
- 50 g de **pasta americana branca**
- 25 g de **pasta americana preta**

Pincele a geleia sobre os cupcakes com um pincel. Amasse a pasta verde sobre uma superfície polvilhada com um pouco de açúcar de confeiteiro. Abra até ficar bem fina e corte doze círculos, usando moldes de 6 cm de diâmetro. Posicione um círculo verde sobre cada bolinho.

Role uma bolinha de pasta americana de qualquer cor (neste exemplo, vermelha ou amarela), de cerca de 8 g, na palma da mão até obter uma cobrinha de 12-15 cm de comprimento. Faça uma ponta numa extremidade e uma cabeça na outra. Achate a cabeça e faça a marca da boca com uma faquinha.

Abra a pasta de cor contrastante até ficar bem fina e corte losangos. Fixe-os ao longo do corpo da serpente usando um pincel umedecido. Enrole a serpente ao redor do pedaço de chocolate e posicione sobre um bolinho.

Repita o processo, fazendo outras serpentes e criando cores diferentes – por exemplo, junte vermelho e amarelo para fazer laranja ou vermelho e branco para fazer rosa. Em alguns cupcakes, coloque as serpentes na vertical.

Enrole pequenas bolinhas brancas para fazer os olhos, colocando pasta americana preta para as pupilas. Fixe na cabeça das serpentes com um pincel umedecido.

Variação: centopeia colorida. Cubra os cupcakes com pasta americana verde. Disponha confeitos formando uma cobrinha em cada um. Desenhe os olhinhos e a boca com tubo de cobertura preta para escrever. Faça as perninhas das centopeias com pasta americana.

cupcake do alfabeto

12 unidades

Preparo: **45 minutos**, mais o tempo para esfriar e firmar

Cozimento: **20 minutos**

125 g de **manteiga sem sal** em temperatura ambiente
125 g de **açúcar**
2 **ovos**
150 g de **farinha de trigo com fermento**
½ colher (chá) de **fermento em pó**
1 colher (chá) de **extrato de baunilha**
50 g de **bolinha de chocolate branco**

Para decorar

100 g de **pasta americana laranja** e 100 g de **vermelha** (ou de outras cores de sua preferência)
açúcar de confeiteiro, para polvilhar
50 g de **bolinha de chocolate branco** derretida

Forre as doze divisórias de uma fôrma de cupcakes com forminhas de papel. Coloque a manteiga, o açúcar, os ovos, a farinha, o fermento em pó e o extrato de baunilha numa tigela e bata com a batedeira por cerca de 1 minuto, até ficar leve e cremoso. Junte as bolinhas de chocolate branco e distribua a massa nas forminhas.

Asse em forno preaquecido a 180°C por 20 minutos, até que cresçam e fiquem firmes ao toque. Transfira para uma grade (ou travessa) para esfriar completamente.

Trabalhando com uma cor de cada vez, abra as pastas americanas numa superfície levemente polvilhada com açúcar de confeiteiro e corte pequenas letras usando moldes do alfabeto. Transfira para uma travessa forrada com papel-manteiga. Junte as sobras das pastas e faça mais. Deixe firmar pelo menos por 1 hora, até secar.

Espalhe uma camada fina de chocolate derretido sobre cada cupcake e arrume as letras por cima, usando um pincel umedecido para fixar umas nas outras, se preciso.

Variação: cupcake dos números. Faça a massa, asse como indicado e deixe esfriar. Abra 100 g de pasta americana verde e 100 g de amarela sobre uma superfície polvilhada com açúcar de confeiteiro e corte números usando moldes. Deixe secar e decore como indicado acima.

joaninha

12 unidades
Preparo: **40 minutos**, mais o tempo para esfriar
Cozimento: **20 minutos**

- 12 **cupcakes de baunilha** (p. 22)
- 2 colheres (sopa) de **geleia de morango** ou **de framboesa**
- 175 g de **pasta americana vermelha**
- **açúcar de confeiteiro,** para polvilhar
- 125 g de **pasta americana preta**
- 15 g de **pasta americana branca**
- 1 pedaço pequeno de **laranja cristalizada** em tiras

Pincele os cupcakes já frios com geleia. Amasse a pasta americana vermelha sobre uma superfície polvilhada com um pouco de açúcar de confeiteiro e abra. Corte doze círculos de 6 cm de diâmetro com um molde. Posicione os círculos sobre os cupcakes.

Abra a pasta americana preta e corte tiras para contornar os círculos vermelhos. Faça também bolinhas para fixar sobre os círculos – serão as pintinhas das joaninhas.

Enrole formas ovais com a pasta americana preta para fazer a cabeça das joaninhas. Faça também bolinhas com a pasta branca para os olhos. Use um pincel umedecido para fixá-los.

Pressione as tiras de laranja cristalizada atrás da cabeça das joaninhas para compor as antenas, depois coloque bolinhas pretas nas pontas para finalizar. Use um pedacinho de pasta branca para fazer a boca.

Variação: abelhinha. Pincele os cupcakes já frios com geleia e use 175 g de pasta americana amarela para cobri-los, em vez da pasta vermelha. Use 125 g de pasta americana sabor chocolate para fazer a cabeça (no lugar da pasta preta) e corte tirinhas para colocar sobre os círculos amarelos, compondo a "estampa" das abelhinhas. Use um pincel umedecido para fixar. Dobre pedacinhos de papel-arroz ao meio e corte em forma de asa. Afunde um pouco o corpo das abelhas e fixe as asinhas.

cupcake de banana com cobertura

12 unidades
Preparo: **25 minutos**, mais o tempo para esfriar
Cozimento: **20 minutos**

100 g de **manteiga sem sal** em temperatura ambiente
100 g de **açúcar**
2 **ovos**
125 g de **farinha de trigo com fermento**
½ colher (chá) de **fermento em pó**
1 **banana madura** amassada
75 g de **uva-passa branca**

Cobertura
100 ml de **iogurte natural**
250 g de **açúcar de confeiteiro**
confeitos de açúcar, para decorar

Forre as doze divisórias de uma fôrma de cupcakes com forminhas de papel. Coloque a manteiga, o açúcar, os ovos, a farinha e o fermento numa tigela e bata com a batedeira por cerca de 1 minuto, até ficar leve e cremoso. Junte a banana amassada e a uva-passa. Distribua a massa nas forminhas.

Asse em forno preaquecido a 180°C por 20 minutos, até que cresçam e fiquem firmes. Transfira para uma grade (ou travessa) para esfriar.

Forre uma tigela com duas folhas de papel-toalha e espalhe o iogurte sobre o papel. Junte as pontas e esprema para eliminar o máximo de líquido que conseguir. Passe o iogurte para o centro de outras duas folhas de papel-toalha e esprema de novo para eliminar mais líquido.

Peneire o açúcar de confeiteiro numa tigela separada e junte o iogurte. Misture bem para fazer a cobertura com uma consistência um pouco caramelada. Decore os cupcakes com essa cobertura e salpique os confeitos de açúcar.

Variação: cupcake de mexerica. Faça os bolinhos como acima, mas sem a banana amassada, e acrescente raspas de 2 mexericas. Asse como indicado acima e deixe esfriar. Elimine o líquido do iogurte conforme as instruções acima e misture 4 colheres (sopa) de leite condensado misturado com gotas de laranja na tigela. Espalhe a cobertura sobre os cupcakes e decore com gomos de mexerica.

animaizinhos da fazenda

12 unidades
Preparo: **55 minutos**, mais o tempo para esfriar
Cozimento: **20 minutos**

½ receita de **glacê** (p. 18)
12 **cupcakes de baunilha** (p. 22)
100 g de **pasta americana de chocolate**
açúcar de confeiteiro, para polvilhar
100 g de **pasta americana amarela**
100 g de **pasta americana rosa**
15 g de **pasta americana branca**
15 g de **pasta americana preta**
corante comestível preto

Espalhe uma camada espessa de glacê sobre os cupcakes já frios. Com uma faca pequena, faça alguns picos no glacê de quatro deles.

Amasse 75 g de pasta americana de chocolate (embrulhe o restante com filme PVC) sobre uma superfície levemente polvilhada com açúcar para fazer as ovelhas. Reserve um pouco da pasta para as orelhas e abra o restante, moldando quatro bolas. Molde cada uma em forma oval e pressione sobre os cupcakes com os picos de glacê.

Reserve um pedacinho da pasta amarela para fazer as orelhas e molde quatro bolas para fazer os touros. Achate um pouco as bolas para que fiquem do tamanho da parte de cima dos cupcakes e pressione com cuidado sobre quatro deles. Faça as orelhas. Use o restante da pasta americana de chocolate para fazer os chifres, fixando com a ajuda de um pincel umedecido.

Reserve 25 g de pasta americana rosa para fazer os focinhos e as orelhas. Abra o restante e molde quatro bolas. Achate-as para que se encaixem sobre os cupcakes. Molde e posicione os focinhos e as orelhas caídas, fazendo os furinhos do focinho com um palito.

Use a pasta branca para fazer os olhos dos animais, no tamanho e no formato adequados para cada um (veja foto ao lado). Abra a pasta preta para fazer as pupilas, colocando-as sobre as bolinhas brancas dos olhos com a ajuda de um pincel umedecido para fixar.

Crie os outros elementos das carinhas com um pincel fino, mergulhado em corante comestível preto.

minhoca colorida

11 unidades
Preparo: **45 minutos**, mais o tempo para esfriar
Cozimento: **20 minutos**

- 75 g de **manteiga sem sal** amolecida
- 125 g de **açúcar de confeiteiro**, mais um pouco para polvilhar
- 12 **cupcakes de baunilha** (p. 22)
- 50 g de **chocolate ao leite** ralado
- 100 g de **pasta americana rosa** ou **vermelha**
- 50 g de **pasta americana de chocolate**
- 12 **confeitos de chocolate**

Bata a manteiga e o açúcar numa tigela até ficar cremoso. Pegue um dos cupcakes já frios e corte uma camada espessa do topo. Espalhe um pouco do glacê sobre outro cupcake e fixe a fatia cortada sobre ele. Se quiser, coloque mais glacê para aumentar o bolinho que será a cabeça da minhoca.

Espalhe 4 colheres (sopa) de açúcar de confeiteiro sobre uma tábua retangular grande (ou as costas de uma assadeira) e salpique o chocolate. Espalhe o restante do açúcar sobre os cupcakes, depois distribua-os sobre o chocolate, com o cupcake da cabeça à frente de todos.

Abra as pastas americanas sobre uma superfície polvilhada com açúcar de confeiteiro até ficarem fininhas e corte nove círculos usando um molde de 5 cm de diâmetro. Coloque um círculo sobre cada cupcake, exceto no primeiro, da cabeça, e no último, do qual foi cortada a fatia. Corte um retalho da pasta americana colorida e coloque sobre esse último cupcake. Abra a pasta americana de chocolate e corte um círculo um pouco maior. Coloque sobre o cupcake da cabeça. Abra mais a pasta até ficar bem fina e corte círculos de 2,5 cm de diâmetro. Coloque-os sobre os outros cupcakes e decore com os confeitos. No cupcake maior, faça a carinha com as sobras da pasta colorida, usando confeitos para os olhos.

cupcake de princesa

12 unidades
Preparo: **30 minutos**, mais o tempo para esfriar
Cozimento: **20 minutos**

1 receita de **glacê** (p. 18)
algumas gotas de **corante comestível rosa**
12 **cupcakes de baunilha** (p. 22)
bolinhas prateadas comestíveis

Divida o glacê em duas tigelas. Coloque o corante numa delas e misture bem. Espalhe o glacê rosa sobre os cupcakes já frios, deixando 5 mm nas beiradas. Use uma pequena faca para espalhar, acumulando um pouco no centro.

Coloque metade do glacê branco num saco de confeitar com um bico bem fino, para escrever, e o restante num saco de confeitar com bico pitanga. Trace as linhas, com 1 cm de distância, sobre o glacê rosa, depois trace por cima na outra direção, formando losangos.

Decore com pequenas estrelas ao redor, usando o outro saco de confeitar. Decore os losangos com as bolinhas comestíveis pratcadas.

Variação: cupcake com joias. Faça ½ receita de glacê (p. 18). Espalhe sobre os cupcakes com uma faca pequena. Use um tubo de cobertura amarela para escrever e contorne-os com ela a 1 cm das beiradas. Fixe confeitos, como bolinhas de chocolate, sobre o círculo. Decore com uma gota de glacê e, por cima, uma bolinha comestível prateada ou dourada.

muffin de frutas para o lanche

12 unidades
Preparo: **10 minutos**
Cozimento: **15 minutos**

100 g de **farinha de trigo**
100 g de **farinha de trigo integral**
2 colheres (chá) de **fermento em pó**
75 g de **açúcar**
2 **ovos**
2 colheres (sopa) de **óleo vegetal**
40 g de **manteiga sem sal** derretida
2 colheres (chá) de **extrato de baunilha**
150 g de **iogurte de frutas vermelhas**, de **morango** ou de **framboesa**
100 g de **framboesa** ou **morango fresco** picado

Forre as doze divisórias de uma fôrma de muffin com forminhas de papel. Misture as farinhas, o fermento e o açúcar numa tigela.

Bata os ovos, o óleo, a manteiga derretida, o extrato de baunilha e o iogurte no liquidificador e despeje sobre os ingredientes secos.

Misture delicadamente usando uma colher de metal grande até que os ingredientes se integrem. Salpique metade da framboesa e misture um pouco mais, até ficar homogêneo. Distribua nas forminhas. Salpique o restante das frutas ou morangos.

Asse em forno preaquecido a 200°C por 15 minutos, até que cresçam e fiquem firmes ao toque. Transfira para uma grade (ou travessa) para esfriar.

Variação: muffin de maçã com uva-passa. Coloque 150 g de farinha, 50 g de aveia, 2 colheres (chá) de fermento em pó e 75 g de açúcar numa tigela e junte 1 maçã sem casca em cubos e 50 g de uva-passa branca. Bata os ovos, o óleo, a manteiga derretida e o extrato de baunilha como acima, com 150 g de iogurte de baunilha. Agregue os ingredientes secos com uma colher grande de metal até ficar homogêneo. Distribua nas forminhas e asse como indicado acima.

cupcake com delicado

12 unidades
Preparo: **20 minutos**, mais o tempo para esfriar e firmar
Cozimento: **15-18 minutos**

150 g de **farinha de trigo**
150 g de **açúcar**
175 g de **manteiga sem sal** em temperatura ambiente, mais um pouco para untar
1 ½ colher (chá) de **fermento em pó**
1 ½ colher (chá) de **extrato de baunilha**

Cobertura
125 g **de açúcar de confeiteiro** peneirado
½ colher (chá) de **extrato de baunilha**
cerca de 4 colheres (sopa) de **água**
algumas gotas de **corante comestível amarelo, verde** e **rosa**
balas tipo delicado, para decorar

Forre as doze divisórias de uma fôrma de cupcakes com forminhas laminadas ou de papel-manteiga. Coloque todos os ingredientes da massa numa tigela e bata com a batedeira por cerca de 1 minuto, até ficar leve e cremoso. Distribua a massa nas forminhas.

Asse em forno preaquecido a 180° C por 15-18 minutos, até que cresçam e fiquem firmes ao toque. Deixe esfriar na fôrma.

Misture numa tigela o açúcar, o extrato de baunilha e água suficiente para obter uma cobertura lisa. Divida a cobertura entre três tigelas e use um corante diferente em cada uma.

Retire os cupcakes da fôrma, coloque as coberturas coloridas e decore com as balas. Espere 30 minutos para a cobertura firmar antes de servir.

Variação: cupcake de limão decorado. Faça a massa como acima, mas acrescente raspas de 1 limão aos outros ingredientes antes de bater. Asse como indicado e deixe esfriar. Bata 150 ml de creme de leite com 1 colher (sopa) de açúcar de confeiteiro até ficar um pouco firme. Espalhe sobre os cupcakes, compondo a decoração com as costas de uma colher (chá). Coloque 1 colher (sopa) de leite condensado com limão no centro de cada um e salpique 3-4 balas picadas.

cachorrinho dorminhoco

12 unidades
Preparo: **45 minutos**, mais o tempo para esfriar
Cozimento: **20 minutos**

125 g de **manteiga sem sal** em temperatura ambiente
125 g de **açúcar**
2 **ovos**
125 g de **farinha de trigo com fermento**
25 g de **chocolate em pó**
½ colher (chá) de **fermento em pó**

Para decorar
75 g de **manteiga sem sal** em temperatura ambiente
125 g de **açúcar de confeiteiro**, mais um pouco para polvilhar
algumas gotas de **corante comestível azul** e **preto**
300 g de **pasta americana branca**
25 g de **pasta americana preta**

Forre as doze divisórias de uma fôrma com forminhas de papel. Coloque todos os ingredientes numa tigela e bata com a batedeira por cerca de 1 minuto, até ficar leve e cremoso. Distribua a massa nas forminhas.

Asse em forno preaquecido a 180°C por 20 minutos, até que cresçam e fiquem firmes ao toque. Transfira para uma grade (ou travessa) para esfriar completamente.

Bata a manteiga e o açúcar de confeiteiro numa tigela até obter um creme liso. Acrescente o corante azul e espalhe sobre os cupcakes com a ajuda de uma faca pequena lisa.

Separe 25 g de pasta americana branca. Retire uma porção para fazer as patas do cachorrinho. Com o restante, molde a cabeça, fazendo uma bola e depois achatando-a um pouco. Faça as duas patas com a porção reservada. Posicione num dos lados do cupcake. Molde também duas orelhas caídas com a pasta americana preta e fixe a cabeça usando um pincel umedecido. Repita com os outros cupcakes.

Use o corante comestível preto e o pincel umedecido para desenhar o focinho, a boca, os olhos, a mancha ao redor do olho e os dedos nas patinhas.

Variação: gatinho atrevido. Faça a massa como acima e cubra com glacê. Molde as cabeças e as patas com pasta americana e posicione sobre os cupcakes. Molde orelhas pontudas com sobras de pasta branca e fixe com um pincel umedecido. Pinte olhos, focinho e patas com corante comestível preto e a boca e o interior das orelhas com corante rosa. Use um pincel fino, mergulhado em corante preto, para criar o bigode.

patinhos, pintinhos e coelhos

12 unidades
Preparo: **35 minutos**, mais o tempo para esfriar
Cozimento: **20 minutos**

- 1 receita de **glacê** (p. 18)
- algumas **gotas de corante comestível amarelo** e **azul**
- 12 **cupcakes de baunilha** (p. 22)
- 2 **cerejas em calda**

Coloque ⅔ do glacê numa tigela e bata com o corante amarelo. Espalhe sobre os cupcakes já frios formando uma camada única lisa. Use uma faca pequena para alisar.

Use o corante azul para colorir o restante do glacê. Coloque num saco de confeitar com um bico fino para escrever ou use um saco de papel com a pontinha cortada para confeitar (p. 15).

Desenhe patinhos, pintinhos e coelhos sobre os cupcakes com o glacê azul. Corte as cerejas em pedacinhos e, depois, em pequenos triângulos. Use para fazer o bico dos pintinhos e dos patos e os olhos dos coelhos.

Variação: coelhinho da Páscoa e ovinhos. Faça a massa e asse como indicado na p. 22, agregando raspas finas de 1 limão aos ingredientes. Deixe esfriar. Bata 75 g de manteiga sem sal em temperatura ambiente, 125 g de açúcar de confeiteiro e 2 colheres (chá) de suco de limão até obter uma cobertura lisa. Espalhe sobre os cupcakes e desenhe coelhinhos e ovinhos.

cara de pirata

12 unidades
Preparo: **45 minutos**, mais o tempo para esfriar
Cozimento: **20 minutos**

25 g de **manteiga sem sal** em temperatura ambiente
50 g de **açúcar de confeiteiro**, mais um pouco para polvilhar
algumas gotas de **corante comestível vermelho**
50 g de **pasta americana verde**
50 g de **pasta americana branca**
12 **cupcakes de baunilha** (p. 22)
50 g de **pasta americana preta**
moedas de chocolate envoltas em papel dourado

Bata a manteiga e o açúcar de confeiteiro numa tigela até ficar cremoso e liso. Junte o corante. Coloque num saco de confeitar com um bico fino para escrever ou use um saco de papel com a pontinha cortada (p. 15).

Abra a pasta americana verde sobre uma superfície polvilhada com açúcar. Corte tiras bem finas da pasta americana branca e coloque sobre a verde, com cerca de 5 mm de distância uma da outra. Use um rolo, para que as tiras brancas se fixem bem na pasta verde, criando o efeito listrado. Corte semicírculos e coloque sobre os cupcakes para fazer os lenços de pirata. Use um pouco de glacê vermelho para fixar. Molde pontas da pasta listrada para fazer o nó do lenço, na lateral.

Molde os olhos e a boca sorridente com a pasta americana branca e a pupila com a pasta preta. Use o glacê vermelho no saco de confeitar para desenhar o cabelo enroladinho e contornar a boca. Arrume os cupcakes numa travessa e decore com as moedas douradas.

Variação: palhacinho. Bata 75 g de manteiga sem sal em temperatura ambiente com 125 g de açúcar de confeiteiro até obter uma cobertura lisa. Espalhe uma camada fina sobre os cupcakes de baunilha. Use corante amarelo no restante do glacê e faça os cabelinhos laterais do palhaço, com a ajuda de um saco de confeitar com bico para escrever, como foi feito acima. Molde bolas de pasta americana vermelha para fazer o nariz, depois desenhe cruzes de pasta preta nos olhos e faça a boca grande e vermelha com a pasta vermelha. Finalize com uma gravata-borboleta feita com pasta americana azul ou verde.

rena colorida

12 unidades
Preparo: **40 minutos**
Cozimento: **25 minutos**

150 g de **chocolate amargo** em pedaços
1 colher (sopa) de **chocolate em pó**
1 colher (sopa) de **água fervente**
50 g de **manteiga sem sal** em temperatura ambiente
125 g de **açúcar de confeiteiro**
12 **cupcakes de chocolate** (p. 22)
6 **cerejas em calda**
confeito de chocolate, para decorar

Derreta o chocolate amargo (pp. 16-7). Coloque num saco de papel e corte a pontinha para confeitar. Trace linhas de 6 cm, com pequenos ramos saindo delas, sobre uma folha de papel-manteiga esticada nas costas de uma assadeira. Como serão os chifres das renas, faça dois para cada cupcake e mais alguns, caso quebrem. Deixe esfriar em local fresco ou leve à geladeira.

Misture o chocolate em pó com a água fervente numa tigela grande. Acrescente a manteiga e vá adicionando aos poucos o açúcar de confeiteiro, formando uma cobertura fina. Espalhe sobre os cupcakes já frios. Coloque meia cereja em cada um para fazer a boca da rena. Ponha os olhos de confeitos, derretendo o chocolate restante para fazer as pupilas.

Finalize a decoração colocando os chifres. Deixe os cupcakes em local fresco até a hora de servir.

Variação: cupcake de chocolate com neve.
Faça a massa como descrito na p. 22, mas junte 50 g de chocolate branco ou pingos de chocolate antes de assar. Bata 75 g de manteiga sem sal, 125 g de açúcar de confeiteiro e 1 colher (chá) de água fervente até ficar claro e cremoso. Espalhe sobre os cupcakes já frios com uma faca pequena lisa, levantando um pouco a cobertura. Pressione confeitos cobertos com chocolate branco sobre cada um e polvilhe açúcar de confeiteiro.

cupcake com flores de frutas

12 unidades
Preparo: **30 minutos**, mais o tempo para esfriar
Cozimento: **20 minutos**

125 g de **manteiga sem sal** em temperatura ambiente
125 g de **açúcar**
2 **ovos**
150 g de **farinha de trigo com fermento**
½ colher (chá) de **fermento em pó**
50 g de **abacaxi seco** picadinho
4 colheres (sopa) de **geleia de damasco** ou de **frutas vermelhas**
2 potes de 100 ml de **iogurte de frutas**
¼ de 1 **abacaxi** sem casca nem miolo
½ **manga**
um punhado de **framboesa** e **mirtilo**
um punhado de **uva** e **cereja** sem caroço

Forre as doze divisórias de uma fôrma de cupcakes com forminhas de papel. Coloque a manteiga, o açúcar, os ovos, a farinha e o fermento numa tigela e bata com a batedeira por cerca de 1 minuto, até ficar leve e cremoso. Distribua nas forminhas e salpique o abacaxi seco.

Asse em forno preaquecido a 180°C por 20 minutos, até que cresçam e fiquem firmes ao toque. Transfira para uma grade (ou travessa) para esfriar.

Espalhe sobre os cupcakes 1 colher (chá) de geleia e, por cima, uma camada de iogurte.

Corte o abacaxi e a manga em fatias e depois em pequenas rodelas, usando um molde de 2,5 cm de diâmetro. Arrume cinco rodelas alternadas, em círculo, sobre os cupcakes e coloque uma framboesa, um mirtilo, uma cereja ou uma uva no centro, formando as flores.

Variação: cupcake de morango. Faça a massa como acima, mas use 50 g de morango no lugar do abacaxi. Asse como indicado e deixe esfriar. Corte uma tampa no topo de cada cupcake e espalhe iogurte de framboesa ou morango por cima. Coloque novamente a tampa e polvilhe açúcar de confeiteiro.

diabinho

12 unidades
Preparo: **15 minutos**, mais o tempo para esfriar e firmar
Cozimento: **10-15 minutos**

100 g de **manteiga sem sal** em temperatura ambiente
100 g de **açúcar**
algumas gotas de **extrato de baunilha**
2 **ovos**
100 g de **farinha de trigo com fermento**
3 colheres (sopa) de **chocolate em pó**
250 g de **cobertura vermelha pronta** (que derreta)
cerca de 1 colher (sopa) de **água morna**

Forre as doze divisórias de uma fôrma de muffins com forminhas de papel. Coloque a manteiga, o açúcar e o extrato de baunilha numa tigela e bata com uma colher de pau, até ficar leve e cremoso. Acrescente os ovos e bata de novo, depois peneire a farinha e o chocolate em pó e misture. Distribua a massa nas forminhas.

Asse em forno preaquecido a 180°C por 10-15 minutos, até que cresçam e fiquem firmes ao toque. Transfira para uma grade (ou travessa) para esfriar completamente.

Coloque cerca de ¾ da cobertura numa tigela, acrescente a água morna e misture até obter uma consistência espessa, mas fácil de espalhar. Quando os cupcakes estiverem frios, espalhe a cobertura sobre eles com a ajuda das costas de 1 colher (chá) ou de uma faca pequena.

Abra pedaços do restante da cobertura para fazer os chifres dos diabinhos. Molde e coloque-os sobre os cupcakes. Deixe firmar.

Variação: cupcake coração de chocolate. Faça a massa e asse como acima. Derreta 100 g de chocolate ao leite com 15 g de manteiga e 1 colher (sopa) de leite (pp. 16-7). Misture até ficar cremoso, depois espalhe sobre os cupcakes com uma faca lisa pequena. Derreta 50 g de chocolate branco e espalhe sobre uma folha de papel-manteiga. Espalhe uma camada fina e deixe firmar, sem ficar quebradiço. Corte corações usando um molde e solte do papel. Coloque os corações sobre os cupcakes.

cabeça de abóbora

12 unidades
Preparo: **30 minutos**, mais o tempo para esfriar
Cozimento: **10-15 minutos**

100 g de **manteiga sem sal** em temperatura ambiente
100 g de **açúcar de confeiteiro**
algumas gotas de **extrato de baunilha**
2 **ovos**
100 g de **farinha de trigo com fermento**

Para decorar
125 g de **pasta americana vermelha**
125 g de **pasta americana amarela**
125 g de **pasta americana verde**
125 g de **pasta americana preta**
cobertura preta, para decorar (opcional)

Forre as doze divisórias de uma fôrma de bolinhos com forminhas de papel. Coloque a manteiga, o açúcar e o extrato de baunilha numa tigela e bata com uma colher de pau, até ficar leve e cremoso. Acrescente os ovos e bata de novo, depois peneire a farinha por cima e misture. Distribua a massa nas forminhas.

Asse em forno preaquecido a 180°C por 10-15 minutos, até que tenham crescido e pareçam firmes ao toque. Transfira para uma grade (ou travessa) para esfriar.

Amasse as pastas americanas vermelha e amarela juntas para obter a cor laranja. Abra um pedaço pequeno da pasta americana verde e molde uma bola. Depois, achate-a um pouco e posicione sobre um bolinho. Enrole um pedaço maior de pasta laranja para fazer uma bola e coloque sobre a pasta verde, formando a abóbora. Abra um pedaço pequeno de pasta americana verde e molde o ramo que vai sobre a abóbora. Use a cobertura preta para fazer os olhos e o sorriso em zigue-zague.

Variação: bolinho de folhas de outono. Prepare e asse os bolinhos como acima. Bata 75 g de manteiga sem sal, 125 g de açúcar de confeiteiro, 1 colher (chá) de água fervente e algumas gotas de corante comestível verde. Espalhe sobre os bolinhos já frios, formando picos com uma colher (chá). Abra 75 g de pasta americana de chocolate, de pasta americana amarela e de pasta americana marrom-clara sobre uma superfície polvilhada com açúcar de confeiteiro e amasse-as até ficarem fininhas. Corte as folhas usando um molde ou uma faca. Marque as nervuras nas folhas e coloque-as sobre os bolinhos de modo que fiquem curvadas.

bolinho de aniversário

18 unidades
Preparo: **25 minutos**, mais o tempo para esfriar
Cozimento: **20 minutos**

175 g de **manteiga sem sal** em temperatura ambiente
175 g de **açúcar de confeiteiro**
3 **ovos**
200 g de **farinha de trigo com fermento**
1 colher (chá) de **fermento em pó**
raspas finas de 2 **limões**

Para decorar
125 g de **manteiga sem sal** em temperatura ambiente
200 g de **açúcar de confeiteiro**
algumas gotas de **corante comestível rosa** ou **azul**
125 g de **balinha** (opcional)
confeito de açúcar (opcional)
velas de aniversário

Forre dezoito divisórias de duas fôrmas de bolinhos com forminhas de papel. Coloque todos os ingredientes da massa numa tigela e bata com a batedeira, até ficar leve e cremoso. Distribua a massa nas forminhas.

Asse em forno preaquecido a 180°C por 20 minutos, até que cresçam e fiquem firmes ao toque. Transfira para uma grade (ou travessa) para esfriar completamente.

Bata a manteiga e o açúcar de confeiteiro numa tigela até obter um creme. Junte o corante comestível. Espalhe esse glacê sobre os bolinhos já frios usando uma faca pequena lisa. Decore com as balinhas e os confeitos, se for usar.

Arrume duas ou três camadas de bolinhos numa travessa. Finalize com as velinhas de aniversário.

Variação: bolinho de aniversário de chocolate. Faça a massa como acima, mas use 40 g de chocolate em pó no lugar de 40 g de farinha de trigo. Asse como indicado acima. Bata 125 g de manteiga sem sal em temperatura ambiente e 200 g de açúcar de confeiteiro até obter um creme. Bata 40 g de chocolate em pó com 5 colheres (sopa) de água fervente e junte ao glacê. Espalhe sobre os bolinhos. Salpique por cima chocolatinhos ou biscoitos picados. Finalize com confeitos antes de montar as camadas, como indicado acima.

bolinho numerado

12 unidades
Preparo: **25 minutos**, mais o tempo para esfriar
Cozimento: **20 minutos**

gotas de **corante comestível verde** ou **amarelo**
1 receita de **glacê** (p. 18)
12 **cupcakes de baunilha** (p. 22)
175 g de **pasta americana branca**
50 g de **pasta americana vermelha**
50 g de **pasta americana azul**
confeito de açúcar

Bata o corante com o glacê e espalhe sobre os cupcakes com a ajuda de uma faca pequena.

Amasse a pasta americana branca sobre uma superfície polvilhada com açúcar. Abra a vermelha e use moldes para cortar seis números e coloque-os sobre metade dos cupcakes. Abra a azul, corte mais seis números e coloque sobre os outros cupcakes.

Pincele as beiradas de cada um com um pincel umedecido e salpique os confeitos.

Variação: bolinho com nome. Faça o glacê como acima, mas sem o corante, e reserve 4 colheres (sopa). Espalhe-o sobre os cupcakes, numa camada bem fina. Use um saco de confeitar com bico fino para escrever com o glacê reservado, colorindo-o de vermelho. Triture várias balas – colocando-as num saco plástico e passando o rolo de macarrão por cima – e salpique-as sobre os cupcakes.

cupcakes para adultos

cupcake com ricota e uva-passa ao marsala

12 unidades
Preparo: **20 minutos**, mais o tempo para esfriar
Cozimento: **25 minutos**

100 g de **uva-passa**
75 ml de **vinho marsala** ou **xerez seco**
125 g de **manteiga sem sal** em temperatura ambiente
100 g de **açúcar mascavo**
1 colher (chá) de **extrato de baunilha**
2 **ovos**
150 g de **farinha de trigo com fermento**
½ colher (chá) de **fermento em pó**

Cobertura
250 g de **ricota**
50 g de **açúcar de confeiteiro**

Para decorar
um punhado de **amêndoa em flocos**
12 **uvas-passas**

Forre as doze divisórias de uma fôrma de cupcakes com forminhas de papel. Coloque a uva-passa numa panela com o vinho ou o xerez e aqueça até começar a borbulhar nas beiradas. Ferva em fogo baixo por 1 minuto, depois retire e passe para uma tigela. Deixe esfriar.

Coloque a manteiga, o açúcar mascavo, o extrato de baunilha, os ovos, a farinha e o fermento numa tigela separada e bata com a batedeira por cerca de 1 minuto, até ficar leve e cremoso.

Escorra bem a uva-passa, reservando o líquido, e misture à massa. Distribua nas forminhas.

Asse em forno preaquecido a 180°C por 20 minutos, até que cresçam e fiquem firmes. Transfira para uma grade (ou travessa) para esfriar completamente.

Coloque a ricota numa tigela e junte delicadamente 1 colher (chá) do líquido da uva-passa e o açúcar de confeiteiro. Não bata demais para não ficar muito fino.

Fure a parte de cima dos bolinhos com um palito e regue o restante do marsala ou do xerez. Espalhe a ricota por cima. Decore com a amêndoa em flocos e a uva-passa, formando flores.

Variação: cheesecake com uva-passa ao rum. Faça a massa como acima, mas deixe 100 g de uva-passa de molho em 3 colheres (sopa) de rum por várias horas até que absorvam o líquido. Asse como indicado. Bata 200 g de cream cheese com 40 g de açúcar de confeiteiro e espalhe por cima. Salpique biscoitos moídos.

cupcake picante

12 unidades
Preparo: **15 minutos**, mais o tempo para esfriar
Cozimento: **25 minutos**

1 **pimenta vermelha** moderadamente ardida picadinha, mais 6 **pimentas vermelhas** pequenas cortadas ao meio no sentido do comprimento
125 g de **manteiga sem sal** em temperatura ambiente
175 g de **açúcar**
2 **ovos**
150 g de **farinha de trigo com fermento**
½ colher (chá) de **fermento**
125 g de **manga seca** picada
2 colheres (sopa) de **água**
5 colheres (sopa) de **vodca**
75 g de **açúcar de confeiteiro**
raspas finas de 1 **laranja,** para salpicar

Forre as doze divisórias de uma fôrma de bolinhos com forminhas de papel. Coloque a pimenta picada, a manteiga, 125 g do açúcar, os ovos, a farinha e o fermento numa tigela e bata com a batedeira por cerca de 1 minuto, até ficar leve e cremoso.

Junte a manga e distribua a massa nas forminhas. Coloque as pimentas cortadas ao meio sobre os cupcakes.

Asse em forno preaquecido a 180°C por 20 minutos, até que cresçam e fiquem firmes ao toque. Transfira para uma grade (ou travessa) para esfriar.

Coloque o restante do açúcar numa panela pequena com a água e aqueça até dissolver. Deixe ferver por 3-4 minutos, até ficar espesso e ganhar consistência de calda. Junte 4 colheres (sopa) de vodca (com cuidado para não coalhar) e aqueça até obter uma calda lisa.

Fure a parte de cima dos cupcakes com um palito e regue com a calda. Misture o restante da vodca com o açúcar de confeiteiro para formar uma pasta fina. Use-a para cobrir os cupcakes. Salpique as raspas de laranja.

Variação: cupcake com gengibre fresco. Rale 50 g de gengibre fresco sobre uma tigela para reservar também o líquido que escorrer. Faça a massa como acima, acrescentando o gengibre ralado no lugar da pimenta picada. Reserve o líquido. Asse como indicado. Quando os cupcakes estiverem frios, misture o líquido do gengibre com 75 g de açúcar de confeiteiro para obter uma cobertura fina, adicionando um pouco de suco de limão se ficar muito seco. Use para decorar.

cupcake de praliné de amêndoa

12 unidades
Preparo: **30 minutos**, mais o tempo para esfriar
Cozimento: **25 minutos**

óleo de girassol, para pincelar
250 g de **açúcar**
100 ml de **água**
75 g de **amêndoa em flocos**
125 g de **manteiga sem sal** em temperatura ambiente
1 colher (chá) de **extrato de baunilha**
2 **ovos**
150 g de **farinha de trigo com fermento**
½ colher (chá) de **fermento em pó**

Cobertura
75 g de **manteiga sem sal** em temperatura ambiente
125 g de **açúcar de confeiteiro**
1 colher (chá) de **água quente**

Forre as doze divisórias da fôrma de bolinhos com forminhas de papel. Pincele uma assadeira levemente com óleo de girassol. Coloque 150 g do açúcar com a água numa panela pequena de fundo grosso e aqueça um pouco até dissolver. Ferva até obter um caramelo claro. Logo depois, junte as amêndoas. Quando estiverem cobertas, vire sobre a assadeira untada e distribua numa camada fina. Deixe esfriar até ficar quebradiço.

Quebre metade do praliné em pedaços irregulares e reserve. Bata o restante no processador até moer.

Coloque a manteiga, o restante do açúcar, o extrato de baunilha, os ovos, a farinha e o fermento numa tigela e bata com a batedeira por cerca de 1 minuto, até ficar leve e cremoso. Junte o praliné moído. Distribua nas forminhas.

Asse em forno preaquecido a 180°C por 20 minutos, até que tenham crescido e fiquem firmes ao toque. Transfira para uma grade (ou travessa) para esfriar.

Bata a manteiga e o açúcar de confeiteiro com a água quente numa tigela, até obter um creme pálido. Espalhe sobre os cupcakes usando uma faca pequena lisa. Decore com pedaços de praliné.

Variação: cupcake de melado com praliné de nozes-pecãs. Faça o praliné como acima, mas use 75 g de nozes-pecãs no lugar da amêndoa. Processe metade do praliné. Asse como acima. Bata 150 ml de creme de leite com 3 colheres (sopa) de melado até obter um merengue firme. Espalhe sobre os bolinhos e salpique os pedaços de praliné.

cupcake de margarita de morango

12 unidades
Preparo: **25 minutos**, mais o tempo para demolhar e para esfriar
Cozimento: **20 minutos**

75 g de **morango** seco ou fresco, mais 12 **morangos frescos,** para decorar
6 colheres (sopa) de **tequila**
125 g de **manteiga sem sal** em temperatura ambiente
125 g de **açúcar**
raspas e suco de 1 **limão**
2 **ovos**
150 g de **farinha de trigo com fermento**
½ colher (chá) de **fermento em pó**

Para finalizar
50 g de **açúcar**
gotas de **corante vermelho**
150 ml de **creme de leite**
12 **morangos** frescos

Forre as doze divisórias de uma fôrma de muffins com forminhas de papel. Pique os morangos e coloque numa tigela pequena com a tequila. Cubra e deixe de molho pelo menos por 2h para os morangos absorverem a bebida.

Escorra bem e reserve a tequila. Coloque a manteiga, o açúcar, as raspas de limão, os ovos, a farinha e o fermento e bata com a batedeira por cerca de 1 minuto, até ficar leve e cremoso. Acrescente os morangos e distribua nas forminhas.

Asse em forno preaquecido a 180°C por 20 minutos, até crescer e firmar. Transfira para uma grade (ou travessa) para esfriar.

Coloque o açúcar numa tigela pequena e adicione o corante. Use as costas de 1 colher (chá) para misturar bem e colorir o açúcar. Pincele as laterais dos cupcakes com um pouco do suco de limão e salpique com o açúcar colorido. Misture o restante do suco com a tequila reservada. Fure várias vezes cada um e regue com esse líquido.

Bata o creme até começar a firmar e espalhe por cima. Decore com um morango sobre cada um.

Variação: cupcake piña colada. Faça a massa como acima, mas sem o morango e a tequila. Acrescente 25 g de coco ralado aos ingredientes antes de bater, depois junte 75 g de abacaxi seco picado. Asse como indicado. Bata levemente 150 ml de creme de leite e 3 colheres (sopa) de rum e espalhe sobre os cupcakes frios. Decore com pedaços de abacaxi.

minicupcake de menta com chocolate

50 unidades
Preparo: **45 minutos**, mais o tempo para esfriar
Cozimento: **12 minutos**

50 g de **bala de hortelã** ou **de menta** extraforte
125 g de **açúcar**
2 **ovos**
125 g de **farinha de trigo com fermento**
½ colher (chá) de **fermento em pó**

Para decorar
25 g de **chocolate ao leite** picado
100 g de **chocolate amargo** picado

Distribua 50 forminhas de papel para docinhos numa assadeira. Coloque as balas em um saco plástico e pressione-as com um rolo de macarrão para moê-las.

Coloque as balas moídas numa tigela e junte os outros ingredientes da massa. Bata com a batedeira por cerca de 1 minuto, até ficar leve e cremoso. Distribua nas forminhas.

Asse em forno preaquecido a 180°C por 12 minutos, até que cresçam e pareçam firmes ao toque. Transfira para uma grade (ou travessa) para esfriar.

Derreta os chocolates em tigelas separadas (pp. 16-7). Coloque o chocolate ao leite derretido num saco de confeitar de papel e corte uma pontinha bem pequena (p. 15). Espalhe o chocolate amargo sobre os cupcakes. Use o chocolate ao leite pra decorar com linhas ou bolinhas. Deixe esfriar antes de servir.

Variação: minicupcake de menta com caramelo. Faça a massa como acima, mas substitua 15 g de chocolate em pó por 15 g de farinha. Asse como indicado acima. Derreta 200 g de chocolate branco com 4 colheres (sopa) de leite, mexendo até obter um creme. Espalhe sobre os cupcakes já frios e polvilhe chocolate em pó.

cupcake de damasco e marzipã

12 unidades
Preparo: **30 minutos**, mais o tempo para esfriar
Cozimento: **25 minutos**

150 g de **damasco seco**
5 colheres (sopa) de **conhaque**
3 colheres (sopa) de **água**
5 colheres (sopa) de **geleia de damasco**
100 g de **marzipã**
açúcar de confeiteiro
125 g de **manteiga sem sal** em temperatura ambiente
75 g de **açúcar**
2 **ovos**
150 g de **farinha de trigo com fermento**
½ colher (chá) de **fermento em pó**
50 g de **amêndoa**
1 colher (chá) de **extrato de amêndoa**

Forre as doze divisórias de uma fôrma com forminhas de papel. Cozinhe o damasco com o conhaque e a água por 4-5 minutos, até inchar. Passe a geleia numa peneira e junte ao conteúdo da panela. Deixe esfriar.

Abra o marzipã sobre uma superfície polvilhada com açúcar de confeiteiro. Corte pequenos corações com um molde de 2,5 cm. Faça uma bola com o restante do marzipã. Coloque os corações numa assadeira forrada com papel-manteiga e leve ao forno até torrar. Retire e deixe esfriar.

Coloque todos os outros ingredientes numa tigela. Bata com o restante do marzipã por 1 minuto, até ficar leve e cremoso. Distribua nas forminhas.

Asse em forno preaquecido a 180°C por 20 minutos, até que cresçam e fiquem firmes. Transfira para uma grade (ou travessa) para esfriar.

Espalhe o damasco em calda sobre os cupcakes e finalize com os corações. Polvilhe açúcar de confeiteiro.

Variação: bolinho de amêndoa. Bata 125 g de manteiga sem sal em temperatura ambiente, 125 g de açúcar, 125 g de farinha de trigo com fermento, ½ colher (chá) de fermento em pó, 50 g de amêndoa moída, 2 ovos e 1 colher (chá) de extrato de amêndoa até ficar leve e cremoso. Distribua nas forminhas e asse como indicado acima. Quando estiverem frios, espalhe por cima 1 colher (sopa) de geleia de framboesa e salpique amêndoa em flocos. Polvilhe açúcar de confeiteiro.

cupcake de lavanda

12 unidades
Preparo: **20 minutos**, mais o tempo para esfriar
Cozimento: **20 minutos**

6 **flores de lavanda** ou outra de sua preferência, mais alguns ramos para decorar
125 g de **manteiga sem sal** em temperatura ambiente
125 g de **açúcar**
raspas de ½ **laranja**
2 **ovos**
150 g de **farinha de trigo com fermento**
½ colher (chá) de **fermento em pó**

Cobertura
150 g de **açúcar de confeiteiro**
4-5 colheres (sopa) de **suco de laranja**
algumas gotas de **corante comestível lilás**

Forre as doze divisórias de uma fôrma com forminhas de papel. Retire as flores de lavanda dos caules e coloque numa tigela com a manteiga, o açúcar, as raspas de laranja, os ovos, a farinha e o fermento. Bata com a batedeira por cerca de 1 minuto, até ficar leve e cremoso. Distribua a massa nas forminhas.

Asse em forno preaquecido a 180°C por 20 minutos, até que cresçam e fiquem firmes ao toque. Transfira para uma grade (ou travessa) para esfriar completamente.

Misture numa tigela o açúcar de confeiteiro com suco de laranja suficiente para obter uma cobertura fina. Use um pouco de corante para dar o tom lilás. Espalhe sobre os cupcakes e decore com ramos de lavanda ou de outra flor que escolher.

Variação: cupcake doce com tomilho. Pique muitos ramos de tomilho. Faça a massa como acima, usando o tomilho no lugar da lavanda e raspas finas de 1 limão em vez de raspas de laranja. Asse como indicado acima. Bata 150 ml de creme de leite com 2 colheres (sopa) de licor de amêndoa ou mel e espalhe sobre os bolinhos já frios. Decore com ramos de tomilho.

cupcake cor-de-rosa

12 unidades
Preparo: **20 minutos**, mais o tempo para esfriar
Cozimento: **20 minutos**

15 g de **pétala de rosa cristalizada,** para decorar
125 g de **açúcar**
125 g de **manteiga**
2 **ovos**
150 g de **farinha de trigo com fermento**
½ colher (chá) de **fermento em pó**
1 colher (sopa) de **água de rosas**

Cobertura
250 g de **mascarpone**
125 g de **açúcar de confeiteiro**
1 colher (chá) de **suco de limão**
gotas de **corante rosa** (opcional)

Forre as doze divisórias da fôrma de bolinhos com forminhas de papel. Bata no processador as pétalas cristalizadas e o açúcar. Junte aos outros ingredientes em uma tigela e bata com a batedeira por 1 minuto, até formar um creme. Divida a mistura entre as forminhas.

Asse em forno preaquecido a 180°C por 20 minutos, até que cresçam e fiquem firmes ao toque. Transfira para uma grade (ou travessa) para esfriar.

Bata o mascarpone, o açúcar de confeiteiro, o suco de limão e o corante (se for usar) com uma colher de pau numa tigela, até ficar um creme liso. Espalhe sobre os bolinhos e decore com as pétalas.

Variação: cupcake com mirtilo glaceado. Coloque 1 colher (chá) de clara de ovo numa tigela com 75 g de mirtilo e mexa até ficarem cobertos por uma película fina da clara. Role-os sobre uma camada de açúcar de confeiteiro, até cobrir bem. Faça a massa como na receita acima, mas não use a pétala de rosa açucarada nem a água de rosas. Substitua-as por 1 colher (chá) de extrato de baunilha. Asse e prepare a cobertura como acima, usando corante lilás no lugar do rosa. Espalhe sobre os cupcakes já frios. Decore com o mirtilo glaceado.

cupcake de pistache com creme

12 unidades
Preparo: **40 minutos**, mais o tempo para esfriar
Cozimento: **20 minutos**

150 g de **pistache**
125 g de **manteiga sem sal** em temperatura ambiente
125 g de **açúcar**
2 **ovos**
150 g de **farinha de trigo com fermento**
½ colher (chá) de **fermento em pó**

Para decorar
300 ml de **creme de leite**
2 colheres (sopa) de **açúcar de confeiteiro**, mais um pouco para polvilhar
2 colheres (sopa) de **licor de amêndoa** ou **de laranja**

Forre as doze divisórias de uma fôrma de bolinhos com forminhas de papel. Coloque o pistache numa tigela refratária, cubra com água fervente e deixe de molho por 30 segundos. Escorra bem e esfregue vários papéis-toalha para que soltem a película da casca. Não é preciso eliminar tudo, apenas a maioria. Bata no processador até ficar moído.

Bata a manteiga, o açúcar, os ovos, a farinha, o fermento e 50 g do pistache moído na batedeira por cerca de 1 minuto, até ficar cremoso. Divida a mistura entre as forminhas.

Asse em forno preaquecido a 180°C por 20 minutos, até que cresçam e fiquem firmes ao toque. Transfira para uma grade (ou travessa) para esfriar.

Tire as forminhas de papel. Bata o creme de leite, o açúcar e o licor numa tigela até firmar. Transfira metade para outra tigela e reserve. Envolva a lateral dos bolinhos com a outra metade e salpique o pistache moído para cobri-los por completo. Espalhe o restante do creme por cima.

Variação: cupcake de macadâmia e framboesa. Pique 50 g de macadâmia e torre um pouco numa frigideira. Deixe esfriar. Faça a massa como acima, usando a macadâmia no lugar do pistache. Asse como indicado. Quando esfriar, divida os bolinhos ao meio na horizontal. Bata levemente 150 ml de creme de leite com 1 colher (sopa) de açúcar de confeiteiro. Recheie os cupcakes com o creme e framboesa fresca. Sirva polvilhado com açúcar de confeiteiro.

muffin de camomila

12 unidades
Preparo: **15 minutos**
Cozimento: **15-18 minutos**

15 g de **camomila** (as flores ou o pó do sachê do chá)
75 g de **amêndoa** moída
100 g de **açúcar**
275 g de **farinha de trigo**
1 colher (sopa) de **fermento em pó**
raspas finas de 1 **limão**
75 g de **uva-passa branca**
75 g de **manteiga sem sal**, mais um pouco para servir
2 **ovos** batidos
300 ml de **creme de leite fresco**

Forre as doze divisórias de uma fôrma de muffins com forminhas de papel. Coloque a camomila, a amêndoa moída e o açúcar no processador e bata um pouco até ficar homogêneo. Despeje numa tigela e acrescente a farinha, o fermento, as raspas de limão e a uva-passa.

Misture a manteiga derretida, os ovos e o creme de leite numa tigela separada e acrescente a mistura de farinha. Use uma colher grande de metal para incorporar os ingredientes até ficar homogêneo. Distribua a mistura nas forminhas.

Asse em forno preaquecido a 220°C por 15-18 minutos, até crescer e dourar. Sirva quente, cortado ao meio e com manteiga.

Variação: muffin de chá de menta e chocolate branco. Bata os ingredientes num processador como acima, usando 15 g de menta ou hortelã no lugar da camomila. Misture os ingredientes secos como acima, mas sem a uva-passa, e junte 100 g de chocolate branco picado. Junte os ingredientes líquidos, misture e asse como indicado acima.

cupcake florentina

12 unidades
Preparo: **20 minutos**, mais o tempo para esfriar
Cozimento: **30 minutos**

óleo de girassol, para untar
75 g de **amêndoa em flocos**
50 g de **uva-passa branca**
125 g de **cereja em calda** cortada em quatro
4 colheres (sopa) de **glicose de milho**
12 **cupcakes de baunilha** (p. 22)
50 g de **chocolate amargo** quebrado em pedaços

Unte uma assadeira com um pouco de óleo. Misture a amêndoa em flocos, a uva-passa, a cereja e a glicose de milho numa tigela. Passe para a assadeira, formando uma camada fina.

Asse em forno preaquecido a 200°C por 8 minutos, até que a amêndoa doure. Retire do forno e deixe esfriar um pouco.

Quebre essa massa de amêndoa e salpique sobre os cupcakes, compondo uma camada uniforme.

Derreta o chocolate (pp. 16-7) e depois coloque num saco de confeitar com bico fino para escrever. Trace linhas sobre a cobertura de amêndoa. Deixe firmar antes de servir.

Variação: cupcake de caramelo. Faça a massa e asse 12 cupcakes de chocolate (p. 22). Numa panela pequena, aqueça em fogo baixo 50 g de manteiga, 50 g de açúcar e 2 colheres (sopa) de glicose de milho, até a manteiga derreter. Aumente o fogo e cozinhe até começar a dourar nas beiradas. Junte 100 g de cereal crocante de arroz e distribua nas forminhas. Deixe esfriar antes de servir.

cupcake veludo vermelho

12 unidades
Preparo: **20 minutos**, mais o tempo para esfriar
Cozimento: **20-25 minutos**

150 g de **farinha de trigo com fermento**
2 colheres (sopa) de **chocolate em pó**
½ colher (chá) de **bicarbonato de sódio**
100 ml de **creme de leite fresco**
1 colher (chá) de **vinagre**
50 g de **manteiga sem sal** em temperatura ambiente
100 g de **açúcar**
1 **ovo**
50 g de **beterraba** sem casca ralada

Cobertura
200 g de **cream cheese**
2 colheres (chá) de **extrato de baunilha**
300 g de **açúcar de confeiteiro**
12 **cerejas frescas,** para decorar

Forre as doze divisórias de uma fôrma de muffins com forminhas de papel. Peneire a farinha, o chocolate e o bicarbonato numa tigela e reserve. Misture o creme de leite e o vinagre numa jarra.

Bata a manteiga e o açúcar numa tigela separada até ficar claro e cremoso, depois junte o ovo e a beterraba e bata de novo.

Acrescente metade dos ingredientes secos e misture delicadamente, usando uma colher de metal grande. Junte metade do creme de leite com vinagre. Incorpore o restante dos secos, depois o restante do líquido. Distribua a massa nas forminhas.

Asse em forno preaquecido a 180ºC por cerca de 20-25 minutos, até que cresçam e fiquem firmes ao toque. Transfira para uma grade (ou travessa) para esfriar.

Bata o cream cheese com uma colher de pau até amolecer. Junte o extrato de baunilha e o açúcar de confeiteiro até obter um creme liso. Decore os bolinhos com a cobertura e finalize com uma cereja no topo.

Variação: cupcake de pera com queijo de cabra. Faça a massa como acima, mas tire a beterraba e substitua o chocolate em pó por mais 2 colheres (sopa) de farinha de trigo com fermento e 1 colher (chá) de especiarias em pó. Junte 75 g de pera picada e asse como indicado acima. Bata 100 g de queijo de cabra cremoso com 150 g de açúcar de confeiteiro e 1 colher (chá) de suco de limão. Espalhe sobre os bolinhos e sirva sem a cereja.

minipão de ló com geleia de laranja

12 unidades
Preparo: **15 minutos**
Cozimento: **20 minutos**

150 g de **manteiga sem sal** em temperatura ambiente
75 g de **açúcar**
75 g de **geleia de laranja**
2 **ovos**
175 g de **farinha de trigo com fermento**
½ colher (chá) de **fermento em pó**
1 colher (chá) de **extrato de baunilha**
1 pedaço de **casca de laranja cristalizada**

Forre as doze divisórias de uma fôrma de muffins com forminhas de papel. Coloque a manteiga, o açúcar, a geleia, os ovos, a farinha, o fermento em pó e o extrato de baunilha numa tigela e bata com a batedeira por cerca de 1 minuto, até ficar leve e cremoso. Distribua a massa nas forminhas.

Corte a casca de laranja cristalizada em tiras finas e distribua sobre a massa nas forminhas.

Asse em forno preaquecido a 180°C por 20 minutos, até que cresçam e fiquem firmes ao toque. Transfira para uma grade (ou travessa) para esfriar.

Variação: pão de ló com gengibre. Faça a massa como acima, usando 75 g de geleia de gengibre no lugar da geleia de laranja e acrescentando 1 colher (chá) de gengibre em pó. Distribua a massa nas forminhas. Corte 25 g de gengibre cristalizado em fatias finas e decore os bolinhos antes de assar, como acima.

cupcake de café com nozes

12 unidades
Preparo: **20 minutos**, mais o tempo para esfriar
Cozimento: **20 minutos**

- 2 colheres (chá) de **pó de café**
- 2 colheres (chá) de **água fervente**
- 125 g de **manteiga sem sal** em temperatura ambiente
- 125 g de **açúcar de confeiteiro**
- 2 **ovos**
- 150 g de **farinha de trigo com fermento**
- ½ colher (chá) de **fermento em pó**
- 50 g de **nozes** picadas

Glacê de café

- 1 colher (chá) de **pó de café**
- 2 colheres (chá) de **água fervente**
- 100 g de **manteiga sem sal** em temperatura ambiente
- 150 g de **açúcar de confeiteiro**
- 6 **nozes** cortadas ao meio, para decorar

Forre as doze divisórias de uma fôrma com forminhas de papel-manteiga. Misture o café com a água fervente. Coloque a manteiga, o açúcar, os ovos, a farinha e o fermento em pó numa tigela. Adicione o café dissolvido e bata com a batedeira por cerca de 1 minuto, até ficar leve e cremoso. Junte as nozes. Distribua a massa nas forminhas.

Asse em forno preaquecido a 180°C por 20 minutos, até que cresçam e fiquem firmes ao toque. Transfira para uma grade (ou travessa) para esfriar.

Misture o café em pó com a água fervente para fazer o glacê. Bata com a manteiga e o açúcar de confeiteiro numa tigela até ficar claro e cremoso.

Espalhe o glacê sobre os bolinhos usando uma faca pequena lisa. Ou coloque num saco de confeitar com bico estrela ou pitanga e faça a decoração. Finalize com meia noz sobre cada um.

Variação: cupcake crocante de amendoim. Bata 75 g de manteiga sem sal em temperatura ambiente, 125 g de pasta de amendoim crocante, 125 g de açúcar, 2 ovos, 150 g de farinha de trigo com fermento, ½ colher (chá) de fermento em pó e 1 colher (sopa) de leite com a batedeira por cerca de 1 minuto, até ficar leve e cremoso. Distribua nas forminhas e asse como na receita acima. Faça o glacê como indicado, mas sem o café e a água, e espalhe sobre os bolinhos. Salpique amendoim picado.

cupcake de batata-doce

9 unidades
Preparo: **25 minutos**, mais o tempo para esfriar
Cozimento: **35 minutos**

125 g de **batata-doce** (1 pequena)
10 bagas de **cardamomo**
50 g de **manteiga sem sal**
6 colheres (sopa) de **mel**
2 **ovos** batidos
100 g de **farinha de trigo com fermento**
½ colher (chá) de **fermento em pó**
3 colheres (sopa) de **amêndoa em flocos** torrada
50 g de **açúcar de confeiteiro**
2 colheres (chá) de **suco de limão**

Forre nove divisórias da fôrma de bolinhos com forminhas de papel-manteiga. Descasque a batata-doce e corte-a em pedaços. Cozinhe na água fervente por 10 minutos, até ficar macia. Escorra bem e devolva à panela. Amasse até ficar cremosa e deixe esfriar.

Amasse as sementes das bagas de cardamomo num pilão o máximo que puder.

Derreta a manteiga numa panela pequena com o mel. Passe para uma tigela e deixe esfriar um pouco. Bata com a batata-doce e o cardamomo, depois junte os ovos, a farinha e o fermento.

Distribua a massa nas forminhas e salpique a amêndoa em flocos.

Asse em forno preaquecido a 180°C por 20 minutos, até que cresçam e fiquem firmes. Transfira para uma grade (ou travessa) para esfriar.

Bata o açúcar e o suco de limão numa tigela até formar uma cobertura lisa e fina. Trace linhas finas de cobertura sobre os cupcakes.

Variação: bolinho de mandioca temperado.
Faça a massa como na receita principal, mas use 125 g de mandioca em vez da batata-doce e ¼ de colher (chá) de pimenta em pó no lugar do cardamomo. Distribua nas forminhas e salpique 2 colheres (sopa) de pinhole. Asse como indicado acima. Polvilhe açúcar de confeiteiro antes de servir.

cupcake de framboesa e amaretto

12 unidades
Preparo: **20 minutos**, mais o tempo para esfriar
Cozimento: **20 minutos**

75 g de **biscoito tipo amaretto** (ou **biscoito champanhe sem açúcar**)
75 g de **açúcar mascavo**
100 g de **manteiga sem sal** em temperatura ambiente
2 **ovos**
75 g de **farinha de trigo com fermento**
½ colher (chá) de **fermento em pó**

Cobertura
200 g de **cream cheese**
8 colheres (sopa) de **açúcar de confeiteiro**, mais um pouco para polvilhar
250 g de **framboesa** fresca ou descongelada

Forre as doze divisórias de uma fôrma com forminhas de papel. Coloque os biscoitos num saco plástico e passe o rolo de macarrão por cima para triturá-los.

Passe os biscoitos moídos para uma tigela e acrescente o açúcar mascavo, a manteiga, os ovos, a farinha e o fermento em pó. Bata com a batedeira por cerca de 1 minuto, até ficar claro e cremoso. Distribua nas forminhas.

Asse em forno preaquecido a 180°C por 20 minutos, até que cresçam e fiquem firmes ao toque. Transfira para uma grade (ou travessa) para esfriar.

Bata o cream cheese com uma colher de pau para que amoleça, depois junte o açúcar de confeiteiro. Espalhe sobre os bolinhos com uma faca pequena lisa. Decore com a framboesa e polvilhe açúcar de confeiteiro.

Variação: cupcake de damasco e amêndoa. Faça a massa como acima. Pique 50 g de damasco seco e 50 g de amêndoa sem casca e misture. Acrescente ⅓ dessa mistura à massa e mexa um pouco. Distribua nas forminhas. Espalhe o restante por cima e asse como indicado acima. Polvilhe açúcar de confeiteiro e sirva.

cupcake de limão com merengue

12 unidades
Preparo: **20 minutos**
Cozimento: **25 minutos**

125 g de **manteiga sem sal** em temperatura ambiente
125 g de **açúcar**
2 **ovos**
150 g de **farinha de trigo com fermento**
½ colher (chá) de **fermento em pó**
1 colher (chá) de **extrato de baunilha**
raspas finas de 1 **limão**

Cobertura e recheio
2 **claras**
100 g de **açúcar**
4 colheres (sopa) de **leite condensado com limão**

Forre as doze divisórias da fôrma com forminhas de papel. Coloque todos os ingredientes numa tigela e bata com a batedeira por cerca de 1 minuto, até ficar leve e cremoso. Distribua a massa nas forminhas.

Asse em forno preaquecido a 180°C por 20 minutos, até que cresçam e fiquem firmes ao toque.

Bata as claras numa tigela limpa até começar a formar picos. Aos poucos, acrescente o açúcar – 1 colher (sopa) por vez –, batendo para obter um merengue firme e brilhante.

Retire os bolinhos do forno e aumente a temperatura para 230°C.

Use uma colher de chá para cavar um buraquinho em cima de cada cupcake e recheie com o leite condensado com limão. Cubra com o merengue, usando uma faca para criar a decoração. Volte ao forno por mais 1-2 minutos e vigie até o merengue ganhar um pouco de cor. Retire e sirva quente.

Variação: cupcake do Alasca. Faça a massa, asse como na receita acima e deixe esfriar. Prepare o merengue como indicado. Com uma colher de chá, cave um buraquinho em cima de cada cupcake e preencha com ½ colher (chá) de geleia de framboesa ou de morango e 1 colher (chá) de sorvete de creme. Espalhe merengue por cima até esconder bem o sorvete. Volte ao forno bem quente, como acima, até o merengue ganhar cor. Sirva imediatamente.

cupcake de expresso com creme

12 unidades
Preparo: **20 minutos**, mais o tempo para esfriar
Cozimento: **20 minutos**

150 g de **manteiga sem sal** em temperatura ambiente
150 g de **açúcar**
175 g de **farinha de trigo com fermento**
1 colher (sopa) de pó de **café expresso** ou de **café forte**
3 **ovos**
1 colher (chá) de **extrato de baunilha**

Para finalizar
4 colheres (sopa) de **licor de café**
300 ml de **creme de leite**
75 g de **chocolate amargo** ou **ao leite**
chocolate ou **achocolatado em pó,** para polvilhar

Forre as doze divisórias de uma fôrma com forminhas de papel-manteiga. Coloque todos os ingredientes numa tigela e bata com a batedeira por 1-2 minutos, até ficar leve e cremoso. Distribua a massa nas forminhas por igual.

Asse em forno preaquecido a 180°C por 20 minutos, até que cresçam e fiquem firmes ao toque. Transfira para uma grade (ou travessa) para esfriar completamente.

Regue os cupcakes já frios com 2 colheres (sopa) de licor de café.

Coloque o restante do licor numa tigela com o creme de leite e bata, até ficar espesso e um pouco firme. Espalhe sobre os bolinhos com uma faca pequena, cobrindo até as beiradas.

Faça raspas de chocolate com um cortador de legumes. Se o chocolate estiver quebradiço, leve-o ao micro-ondas por alguns segundos para amolecer, mas tome cuidado para não aquecer demais e derreter. Salpique as raspas e polvilhe um pouco de chocolate ou achocolatado em pó. Mantenha em local fresco até servir.

Variação: bolinho moca regado com licor. Torre 40 g de amêndoa em flocos com 1 colher (sopa) de açúcar e ¼ de colher (chá) de canela em pó. Faça a massa como na receita acima e distribua nas forminhas. Salpique metade da amêndoa e asse como indicado acima. Regue os bolinhos com ½ colher (chá) de licor de chocolate e salpique o restante da amêndoa. Volte ao forno por 3 minutos, depois transfira para uma grade (ou travessa) para esfriar.

cupcakes salgados

muffin de milho, pimenta e bacon

12 unidades
Preparo: **15 minutos**, mais o tempo para esfriar
Cozimento: **25 minutos**

2 **espigas de milho**
4 fatias de **bacon defumado** picadinhas
1 **cebola** pequena picadinha
275 g de **farinha de milho**
1 colher (sopa) de **fermento em pó**
½ colher (chá) de **sal**
1 ½ colher de **pimenta seca** moída
1 colher (chá) de **semente de cominho** amassada
4 colheres (sopa) de **coentro fresco** picado
2 **ovos**
65 g de **manteiga sem sal** derretida
225 ml de **leite**

Forre as doze divisórias de uma fôrma de muffins com forminhas de papel-manteiga. Cozinhe as espigas de milho numa panela grande com água fervente por 5 minutos. Escorra e deixe esfriar. Use uma faca para tirar os grãos das espigas.

Coloque o bacon e a cebola numa frigideira pequena e salteie em fogo baixo, mexendo às vezes, até que o bacon fique dourado e crocante. Deixe esfriar.

Misture a farinha de milho, o fermento, o sal, a pimenta, o cominho e o coentro numa tigela. Junte o bacon, a cebola e o milho.

Bata os ovos com a manteiga derretida e o leite e acrescente aos ingredientes secos. Use uma colher de metal grande para mexer os ingredientes delicadamente, até ficar homogêneo. Distribua a massa nas forminhas.

Asse em forno preaquecido a 220°C por 15 minutos, até que tenham crescido e dourado. Sirva quente ou frio.

Variação: pão de milho picante da Índia. Amasse bem as sementes de 12 bagas de cardamomo num pilão. Adicione 1 colher (chá) de semente de coentro e outra de semente de erva-doce. Amasse com o cardamomo. Faça a massa como indicado acima, mas sem o milho, e frite as sementes em 1 colher (sopa) de óleo vegetal com a cebola e 2 talos de aipo picados em vez do bacon. Finalize como na receita acima.

cupcake de pimentão e pinhole

12 unidades
Preparo: **20 minutos**
Cozimento: **30 minutos**

150 g de **manteiga sem sal** em temperatura ambiente
2 **pimentões vermelhos** sem sementes em cubos
2 **cebolas** picadinhas
2 **dentes de alho** amassados
75 g de **pinhole**
125 g de **farinha de trigo**
2 colheres (chá) de **fermento em pó**
125 g de **amêndoa** moída
4 **ovos** batidos
pimenta
12 **folhas de louro** pequenas (opcional)

Forre as doze divisórias de uma fôrma de cupcakes com forminhas de papel. Derreta 25 g da manteiga numa frigideira e frite em fogo baixo o pimentão, a cebola e o alho por 5 minutos, até ficarem macios. Escorra e passe para um prato. Coloque o pinhole na mesma panela e frite por 2-3 minutos, até começarem a escurecer. Deixe esfriar.

Coloque o restante da manteiga numa tigela com a farinha, o fermento, a amêndoa moída, os ovos e bastante pimenta. Mexa bem e junte o pimentão e o pinhole. Distribua a massa nas forminhas e fixe 1 folha de louro por cima de cada uma, se quiser.

Asse em forno preaquecido a 180°C por 20 minutos, até que cresçam e fiquem firmes. Passe para uma travessa. Sirva quente ou frio.

Variação: cupcake de alcachofra com alcaparra. Escorra bem 275 g de alcachofra em conserva e pique em pedacinhos. Escorra 2 colheres (sopa) de alcaparra, enxágue e escorra de novo. Faça a massa como na receita acima, mas sem a cebola e o alho, reduza a manteiga para 125 g e acrescente a alcachofra e a alcaparra no lugar do pimentão e do pinhole. Asse como indicado acima.

bolinho de queijo e tomate

12 unidades
Preparo: **25 minutos**
Cozimento: **15 minutos**

325 g de **farinha de trigo**, mais um pouco para polvilhar
1 colher (sopa) de **fermento em pó**
½ colher (chá) de **sal**
½ colher (chá) de **orégano seco**
8 g de **manjericão** rasgado em pedacinhos
2 talos de **cebolinha** picadinhos
100 g de **tomate seco** picado
300 ml de **creme de leite fresco**
1 **gema**
200 g de **queijo de cabra** picado
leite, para pincelar
pimenta

Corte doze quadrados de 13 cm de papel-manteiga próprio para ir ao forno e use-os para forrar as divisórias de uma fôrma de muffins. Misture a farinha, o fermento, o sal e o orégano numa tigela. Junte o manjericão, a cebolinha e o tomate seco.

Misture o creme de leite e a gema e adicione à massa. Mexa até ficar homogêneo. Junte mais farinha se ficar muito grudento.

Transfira para uma superfície enfarinhada e divida a massa em doze pedaços de tamanho similar. Transforme-os em bolas e coloque uma em cada divisória da fôrma.

Pressione o polegar sobre cada bola para afundar um pouco e coloque nesse espaço alguns pedaços de queijo. Pincele com leite. Salpique bastante pimenta por cima.

Asse em forno preaquecido a 220°C por 15 minutos, até que tenham crescido e comecem a escurecer. Transfira para uma grade (ou travessa) para esfriar.

Variação: cupcake de alho-poró e gruyère. Pique 1 alho-poró e frite em fogo baixo com 25 g de manteiga sem sal, até ficar macio. Misture os ingredientes secos como acima, mas acrescente o alho-poró, 75 g de queijo gruyère ralado e ½ colher (chá) de noz-moscada moída na hora em vez do manjericão, da cebolinha e do tomate. Junte os ingredientes líquidos e molde bolas de massa como acima, mas sem o queijo de cabra. Pincele com leite, tempere com bastante pimenta e asse como na receita acima.

cupcake de parmesão e bacon

9 unidades
Preparo: **20 minutos**, mais o tempo para esfriar
Cozimento: **25-30 minutos**

100 g de fatias finas de **bacon**
5 colheres (sopa) de **azeite**
300 g de **farinha de trigo com fermento**
2 colheres (chá) de **fermento em pó**
50 g de **parmesão** ralado fino
200 ml de **leite**
1 **ovo** batido
2 colheres (sopa) de **mostarda**

Forre nove divisórias de uma fôrma de muffins com forminhas de papel. Corte nove tiras de 5 cm do bacon e pique o restante. Aqueça 1 colher (sopa) do azeite numa frigideira pequena e frite as fatias de bacon em fogo baixo por 5 minutos, até ficarem crocantes. Escorra e passe para um prato. Frite também o bacon picado por 3-4 minutos. Deixe esfriar.

Coloque a farinha e o fermento numa tigela. Junte o parmesão e o bacon picado e misture até ficar homogêneo.

Bata o restante do azeite, o leite, o ovo e a mostarda no liquidificador e despeje sobre os outros ingredientes. Misture até ficar homogêneo.

Distribua a massa nas forminhas e coloque uma tira de bacon frito sobre cada uma.

Asse em forno preaquecido a 200°C por 15-20 minutos, até que tenham crescido e dourado um pouco. Passe para uma travessa. Sirva quente ou frio.

Variação: cupcake de linguiça com alecrim. Substitua o bacon da receita acima por 100 g de linguiça em cubinhos. Frite a linguiça, junte à massa de farinha e fermento com parmesão e continue como acima, acrescentando 2 colheres (chá) de alecrim à mistura de azeite, leite e ovo (sem a mostarda). Distribua nas forminhas e coloque um ramo de alecrim sobre cada um. Asse como indicado acima.

bolinho com salmão defumado

18 unidades
Preparo: **25 minutos**, mais o tempo para esfriar
Cozimento: **10 minutos**

- 150 g de **farinha de trigo-sarraceno**
- 50 g de **farinha de trigo com fermento**
- ½ colher (chá) de **fermento em pó**
- 3 colheres (sopa) de **endro** picado, mais um pouco para decorar
- 2 colheres (sopa) de **salsinha** picada
- uma pitada de **sal**
- 50 g de **manteiga sem sal** derretida
- 150 ml de **leite**, mais 2 colheres (sopa)
- 2 **ovos** batidos
- 300 g de **cream cheese**
- 100 g de **salmão defumado**
- **pimenta**

Forre dezoito divisórias de uma fôrma de muffins com forminhas de papel. Coloque as farinhas, o fermento, o endro, a salsinha e o sal numa tigela e misture bem.

Bata no liquidificador a manteiga derretida, 150 ml de leite e os ovos e despeje sobre o conteúdo da tigela. Com uma colher de metal grande, incorpore os ingredientes com cuidado, até ficar homogêneo. Distribua essa massa nas forminhas, preenchendo-as até a metade.

Asse em forno preaquecido a 200°C por 10 minutos, até que cresçam e fiquem firmes ao toque. Transfira para uma grade (ou travessa) e retire as forminhas de papel, se quiser.

Bata o cream cheese numa tigela até amolecer, depois bata com o restante do leite. Espalhe sobre os bolinhos. Corte fatias de salmão e enrole-as, moldando flores. Decore os bolinhos com as flores e finalize com ramos de endro. Salpique pimenta.

Variação: muffin com pimenta e ervas. Passe na água e escorra 2 colheres (sopa) de pimenta verde em salmoura e amasse-as um pouco. Forre oito divisórias de uma fôrma de muffins com forminhas de papel. Faça a massa como acima, mas use 150 g de farinha de malte ou de centeio em vez da de trigo-sarraceno e a pimenta verde no lugar do endro. Asse como indicado. Bata 150 g de cream cheese com 1 colher (sopa) de alcaparra passada na água e escorrida, 4 pepinos em conserva pequenos picados e 1 colher (sopa) de salsinha picada. Sirva com os muffins.

muffin de queijo e mandioquinha

10 unidades
Preparo: **20 minutos**, mais o tempo para esfriar
Cozimento: **30 minutos**

250 g de **mandioquinha** cortada em cubos
cerca de 225 ml de **leite**
4 colheres (sopa) de **azeite**
1 **ovo** batido
1 colher (chá) de **tabasco** (ou outro molho de pimenta)
2 colheres (chá) de **pimenta-rosa** amassada
275 g de **farinha de trigo**
1 colher (sopa) de **fermento em pó**
sal
75 g de **queijo gruyère** ralado

Forre 10 divisórias de uma fôrma de muffins com forminhas de papel-manteiga. Cozinhe a mandioquinha numa panela com água e sal por 10 minutos, até ficar macia. Escorra, amasse e deixe esfriar.

Bata no liquidificador o leite e a mandioquinha fria com o azeite, o ovo, o tabasco e 1 colher (chá) da pimenta, adicionando um pouco mais de leite se ficar muito seco.

Misture a farinha, o fermento, ½ colher (chá) de sal e parte do queijo, reservando apenas 1 colher (sopa). Mexa bem e adicione o creme de mandioquinha. Incorpore tudo com uma colher de metal até ficar homogêneo.

Distribua a massa nas forminhas e salpique o queijo reservado, o restante da pimenta e um pouco de sal.

Asse em forno preaquecido a 220°C por 20 minutos, até que tenham crescido e dourado. Transfira para uma travessa e sirva quente ou frio.

Variação: muffin de aipo e cogumelo. Cozinhe 250 g de aipo em cubos numa panela com água fervente até ficarem macios. Escorra e amasse bem. Corte 200 g de cogumelo pequeno em fatias e frite em 25 g de manteiga até evaporar a umidade. Deixe esfriar. Faça a massa como acima, mas use o purê de aipo no lugar do creme de mandioquinha e 1 colher (chá) de pimenta verde em vez da pimenta-rosa. Misture o cogumelo aos ingredientes secos. Com a massa já nas forminhas, acrescente mais 1 colher (chá) de pimenta verde, o restante do queijo e o sal. Asse como indicado acima.

cupcake de abóbora e cebola roxa

12 unidades
Preparo: **25 minutos**, mais o tempo para esfriar
Cozimento: **50 minutos - 1 hora**

550 g de **abóbora** ou **moranga**
1 **cebola roxa** em rodelas
5 colheres (sopa) de **azeite**
275 g de **farinha de trigo com fermento**
50 g de **farinha de milho**
15 g de **coentro** fresco picado
½ colher (chá) de **sal de aipo**
2 colheres (chá) de **fermento em pó**
3 **ovos** batidos
150 ml de **leite**

Forre as doze divisórias de uma fôrma de muffins com forminhas de papel. Corte a moranga ou a abóbora em cubinhos, descartando a casca e as sementes – você deve ficar com cerca de 350 g de polpa. Espalhe-a numa assadeira com as rodelas de cebola e regue com 1 colher (sopa) de azeite. Leve ao forno preaquecido a 220°C por 30-40 minutos, mexendo uma ou duas vezes, até começar a escurecer. Deixe esfriar.

Misture a farinha, a farinha de milho, o coentro, o sal de aipo e o fermento numa tigela. Bata os ovos, o leite e o restante do azeite no liquidificador.

Adicione à moranga com cebola já fria e junte tudo aos ingredientes secos. Mexa bem até ficar homogêneo. Distribua nas forminhas.

Asse por 20 minutos, até que cresçam e fiquem firmes ao toque. Transfira para uma travessa. Sirva quente ou frio.

Variação: bolinho de lentilha com especiarias. Cozinhe e escorra bem 400 g de lentilha. Amasse 1 colher (chá) de coentro, outra de erva-doce e outra de semente de cominho num pilão, para obter uma pasta. Faça a massa como acima, mas substitua a abóbora pela lentilha e junte 1 colher (chá) de pasta de curry ao ovo, e a pasta de especiarias aos ingredientes secos. Asse como indicado acima.

minibolo de queijo e cebolinha

20 unidades
Preparo: **10 minutos**
Cozimento: **10-12 minutos**

200 g de **farinha de trigo com fermento**
1 colher (chá) de **fermento em pó**
uma pitada de **sal**
50 g de **queijo cheddar** ou **prato** ralado
4 colheres (sopa) de **cebolinha verde** picada
50 g de **manteiga sem sal** derretida
7 colheres (sopa) de **leite**
1 **ovo** batido

Forre vinte divisórias de duas fôrmas de bolinhos com forminhas de papel-manteiga. Coloque a farinha, o fermento e o sal numa tigela. Misture o queijo e a cebolinha até ficar homogêneo.

Bata a manteiga derretida, o leite e o ovo com um garfo e adicione à tigela. Misture bem para obter uma pasta espessa. Distribua nas forminhas.

Asse em forno preaquecido a 200°C por 10-12 minutos, até que tenham crescido e dourado. Transfira para uma travessa e sirva quente ou frio.

Variação: minibolo de parmesão e azeitona. Pique 50 g de azeitona preta e misture aos ingredientes secos como acima, mas use 50 g de parmesão ralado no lugar do cheddar e corte a cebolinha. Continue como acima, mas bata 1 colher (sopa) de patê de azeitona com a manteiga, o leite e o ovo. Asse como indicado acima.

pãozinho de centeio e kümmel

12 unidades
Preparo: **10 minutos**
Cozimento: **20 minutos**

3 colheres (sopa) de **melado**
50 g de **manteiga sem sal**, mais um pouco para untar
1 **ovo**
225 ml de **leite**
150 g de **farinha de centeio**
150 g de **farinha de trigo**
1 colher (sopa) de **fermento em pó**
½ colher (chá) de **sal**
2 colheres (chá) de **kümmel**

Unte as doze divisórias de uma fôrma de muffins, de preferência antiaderente. Coloque o melado e a manteiga numa panela pequena e aqueça até a manteiga derreter. Bata o ovo e o leite no liquidificador e adicione ao melado com manteiga.

Coloque as farinhas, o fermento, o sal e o kümmel numa tigela e adicione os ingredientes líquidos. Misture com cuidado, até ficar homogêneo. Distribua nas forminhas.

Asse em forno preaquecido a 220°C por 15 minutos, até crescer bem. Transfira para uma travessa e sirva quente ou frio.

Variação: pãozinho de Boston. Faça a massa como na receita acima, mas substitua 75 g da farinha por 50 g de farinha de trigo integral e 25 g de farinha de milho. Não use o kümmel e adicione 50 g de uva-passa aos ingredientes secos. Asse como indicado acima.

pãozinho de batata e açafrão

12 unidades
Preparo: **20 minutos**, mais o tempo para esfriar
Cozimento: **25 minutos**

300 g de **batata** em cubos
½ colher (chá) de **açafrão em pó**
1 colher (sopa) de **água fervente**
200 ml de **leite**
4 colheres (sopa) de **azeite**
1 **ovo** batido
275 g de **farinha de trigo**
1 colher (sopa) de **fermento em pó**
2 colheres (chá) de **tomilho** picado, mais alguns ramos para decorar
1 colher (chá) de **sal marinho**, mais um pouco para polvilhar
1 **gema** levemente batida com 1 colher (chá) de **água,** para pincelar
manteiga, para servir

Forre as doze divisórias da fôrma com forminhas de papel. Cozinhe a batata numa panela com água e sal por 8 minutos, até que fique macia. Escorra e deixe esfriar.

Misture o açafrão com a água fervente numa jarra e deixe descansar por 5 minutos. Bata com o leite, o azeite e o ovo no liquidificador.

Junte a farinha, o fermento, o tomilho picado e o sal numa tigela separada, depois misture a batata. Adicione o líquido com açafrão e misture tudo com uma colher de metal, até ficar homogêneo.

Distribua a massa nas forminhas. Pincele a parte de cima com a gema. Salpique um pouco mais de sal e espalhe por cima os ramos de tomilho. Asse em forno preaquecido a 220°C por 15 minutos, até que tenham crescido e dourado. Transfira para uma travessa e sirva quente ou frio, acompanhado de manteiga.

Variação: pãozinho de cenoura e coentro. Corte 275 g de cenoura em cubinhos e cozinhe numa panela com água fervente sem sal até ficar macia. Escorra bem. Bata o leite, o azeite e o ovo como acima, mas sem a água e o açafrão, e acrescente 1 colher (chá) de pasta de curry. Continue a fazer a massa como na receita principal, mas use 2 colheres (sopa) de coentro fresco picado no lugar do tomilho e misture a cenoura em vez da batata. Distribua nas forminhas, pincele a gema e salpique sal como indicado acima.

cupcakes para ocasiões especiais

cupcake de Natal

1 guirlanda feita com 24 cupcakes
Preparo: **25 minutos**, mais o tempo para esfriar
Cozimento: **20-25** minutos

6 colheres (sopa) de **geleia de damasco**
1 colher (sopa) de **água**
24 **cupcakes de laranja e tâmara** ou **cupcakes de frutas e castanhas** (p. 24)
açúcar de confeiteiro, para polvilhar
um punhado de **uva vermelha sem caroço**
um punhado de **uva thompson (sem caroço)**
3-4 **mexericas** cortadas ao meio
3-4 **figos frescos** cortados ao meio ou secos inteiros
várias **folhas de louro**

Passe a geleia por uma peneira sobre uma pequena panela com água. Aqueça em fogo baixo até diluir e espalhe uma fina camada sobre os bolinhos.

Arrume dezesseis bolinhos em círculo numa travessa de pelo menos 35 cm de diâmetro. Use uma peneira pequena e fina para polvilhar a travessa com bastante açúcar de confeiteiro.

Dobre um papel quatro vezes, depois recorte nele o formato de uma folha de oliveira de cerca de 6 cm de comprimento. Pressione-a em cima de outros quatro bolinhos e polvilhe muito açúcar sobre eles, para deixar a marca da folha. Retire-a com cuidado, passando a faca por baixo dela, para que o açúcar se mantenha nos limites. Repita com os bolinhos restantes. Componha um círculo de oito bolinhos sobre a primeira camada.

Corte os ramos das uvas para separá-las. Coloque frutas em todos os espaços ao redor da guirlanda de cupcakes, e também no centro. Finalize colocando as folhas de louro ao redor.

Variação: cupcake com calda de frutas vermelhas. Coloque 150 g de frutas vermelhas de sua preferência numa pequena panela com 50 g de açúcar, ½ colher (chá) de gengibre em pó, 2 colheres (sopa) de vinho do Porto e 1 colher (sopa) de água. Aqueça em fogo baixo até o açúcar dissolver, depois ferva até as frutinhas começarem a abrir. Passe para uma tigela e deixe esfriar. Bata 250 g de queijo mascarpone com 5 colheres (sopa) de açúcar de confeiteiro e circule o topo dos bolinhos com esse creme. No centro, coloque a calda de frutas.

cupcake nevado

12 unidades
Preparo: **20 minutos**, mais o tempo para esfriar
Cozimento: **20-25 minutos**

125 g de **manteiga sem sal** em temperatura ambiente
25 g de **açúcar mascavo**
2 **ovos**
150 g de **farinha de trigo com fermento**
½ colher (chá) de **fermento em pó**
1 colher (chá) de **especiarias mistas em pó**
1 colher (sopa) de **leite**
300 g de **frutas mistas em compota**

Cobertura
300 ml de **creme de leite**
4 colheres (sopa) de **xerez** ou **rum**
2 colheres (sopa) de **açúcar de confeiteiro**
confeitos prateados e **perolados,** para decorar

Forre as doze divisórias de uma fôrma de muffins com forminhas laminadas. Coloque a manteiga, o açúcar mascavo, os ovos, a farinha, o fermento em pó, as especiarias e o leite numa tigela e bata com a batedeira por cerca de 1 minuto, até ficar leve e cremoso. Junte as frutas e mexa até ficar homogêneo. Distribua a mistura nas forminhas.

Asse em forno preaquecido a 180°C por 20-25 minutos, até que cresçam e fiquem firmes ao toque. Transfira para uma grade (ou travessa) e deixe esfriar.

Coloque o creme de leite, o xerez e o açúcar de confeiteiro numa tigela e bata até ficar um pouco firme. Espalhe essa cobertura sobre os bolinhos e salpique os confeitos.

Variação: minipudim de Natal. Abra 50 g de pasta americana verde sobre uma superfície polvilhada com açúcar de confeiteiro e corte 24 folhas de oliveira usando um molde. Use pasta americana vermelha para fazer 36 frutinhas. Transfira para uma folha de papel-manteiga e deixe endurecer. Faça os bolinhos como acima. Espere esfriar e pincele com uma mistura de 2 colheres (sopa) de geleia de damasco com 2 colheres (chá) de xerez. Abra 100 g de pasta americana branca até ficar fininha e corte pequenos círculos com um molde ondulado. Arrume os círculos sobre os bolinhos e decore com as folhas e as frutinhas, usando um pincel umedecido para fixar.

estrela de Natal

12 unidades
Preparo: **35 minutos**, mais o tempo para esfriar
Cozimento: **20 minutos**

100 g de **pasta americana branca**
12 **cupcakes de baunilha** (p. 22)
½ receita de **glacê** (p. 18)
200 g de **açúcar de confeiteiro**, mais um pouco para polvilhar
4-5 colheres (chá) de **água**
25 g de **coco ralado**

Amasse a pasta americana sobre uma superfície levemente polvilhada com açúcar de confeiteiro. Abra, mas sem deixar muito fina, e corte pequenas estrelas usando um molde. Transfira para uma folha de papel-manteiga e deixe endurecer enquanto decora os bolinhos.

Corte um cone no centro de cada bolinho já frio usando uma faca pequena afiada. Preencha com o glacê e coloque em cima o cone retirado, mas com a ponta para cima.

Misture o açúcar de confeiteiro e a água numa tigela até obter um creme liso – a cobertura deve ficar um pouco firme, apenas. Espalhe delicadamente sobre os bolinhos e salpique o coco ralado.

Pressione com cuidado a estrela no topo de cada cobertura e deixe firmar.

Variação: cupcake de inverno. Abra 150 g de pasta americana branca sobre uma superfície polvilhada com açúcar de confeiteiro e corte árvores de Natal usando moldes de três tamanhos diferentes – são necessárias 24 ao todo. Transfira para uma travessa forrada com papel-manteiga e deixe endurecer de um dia para o outro. Faça e asse os bolinhos como indicado acima. Para a cobertura, bata 75 g de manteiga sem sal em temperatura ambiente e 125 g de açúcar de confeiteiro, até ficar lisa. Espalhe sobre os cupcakes. Pressione as árvores sobre a cobertura e sirva polvilhado com açúcar de confeiteiro.

bolinho nevado com gengibre

12 unidades
Preparo: **30 minutos**, mais o tempo para esfriar e firmar
Cozimento: **15-20 minutos**

125 g de **manteiga sem sal** em temperatura ambiente
125 ml de **melado**
125 g de **açúcar mascavo**
225 g de **farinha de trigo com fermento**
1 colher (chá) **de fermento em pó**
1 colher (chá) de **gengibre em pó**
2 **ovos**
125 ml de **leite**
3 colheres (sopa) de **gengibre cristalizado** picado, mais um pouco para decorar

Cobertura
200 g de **açúcar de confeiteiro**
4 colheres (chá) de **água**
dois pedaços de **gengibre cristalizado** picado

Forre as doze divisórias de uma fôrma de bolinhos com forminhas de papel ou laminadas. Coloque a manteiga, o melado e o açúcar mascavo numa panela e aqueça em fogo baixo, mexendo, até a manteiga derreter. Misture a farinha, o fermento em pó e o gengibre em pó numa tigela. Bata os ovos e o leite no liquidificador.

Retire a panela do fogo e incorpore a mistura de farinha. Junte aos poucos o leite batido com o ovo e também o gengibre cristalizado. Distribua a massa nas forminhas.

Asse em forno preaquecido a 180°C por 10-15 minutos, até que tenham crescido e comecem a abrir na superfície. Transfira para uma grade (ou travessa) para esfriar.

Peneire o açúcar de confeiteiro sobre uma tigela e vá misturando a água aos poucos para obter uma cobertura lisa e fácil de espalhar. Regue os bolinhos com a cobertura de maneira aleatória, criando a decoração. Finalize com pedaços de gengibre cristalizado. Deixe firmar por 30 minutos antes de servir.

Variação: muffin de Natal decorado. Faça a massa como indicado acima, mas use 6 cerejas em calda picadas no lugar do gengibre. Misture 100 g de cereja em calda com 25 g de abacaxi seco picado. Faça a cobertura como acima, espalhe sobre os cupcakes já frios e decore com a cereja com abacaxi. Finalize com confeitos prateados comestíveis.

ninho de Páscoa

12 unidades
Preparo: **35 minutos**, mais o tempo para esfriar
Cozimento: **25 minutos**

1 receita de **cobertura de chocolate** (p. 18)
12 **cupcakes de chocolate** (p. 22)
200 g de **chocolate** cortado em pedaços de 2,5 cm
36 **ovinhos de chocolate**

Espalhe a cobertura sobre os bolinhos com uma faca pequena lisa. Cubra até as beiradas.

Corte os pedaços de chocolate para obter raspas mais finas, mas não muito pequenas.

Distribua as raspas sobre os bolinhos, cobrindo toda a superfície, de modo que fiquem em todas as direções, para compor o ninho. Coloque três ovinhos de chocolate sobre cada ninho.

Variação: cupcake de chocolate e castanha--portuguesa. Faça os bolinhos como na p. 22, adicionando ½ colher (chá) de canela à mistura. Depois de assados, fure a parte de cima dos cupcakes com um palito e regue 1 colher (sopa) de conhaque. Bata 200 g de purê de castanha--portuguesa e 2 colheres (sopa) de conhaque. Bata 300 ml de creme de leite com 25 g de açúcar de confeiteiro, até começar a formar picos. Junte o purê de castanha e espalhe sobre os bolinhos. Salpique raspas de chocolate.

cupcake de Páscoa

12 unidades
Preparo: **30 minutos**, mais o tempo para esfriar
Cozimento: **20 minutos**

125 g de **manteiga sem sal** em temperatura ambiente
125 g de **açúcar**
2 **ovos**
100 g de **farinha de trigo com fermento**
½ colher (chá) de **fermento em pó**
50 g de **amêndoa** moída
raspas de 1 **limão**

Cobertura
75 g de **manteiga sem sal** em temperatura ambiente
150 g de **açúcar**
1 colher (chá) de **extrato de baunilha**
125 g de **açúcar de confeiteiro**
3-4 colheres (sopa) de **suco de limão**
algumas gotas de **corante comestível amarelo**
12 **flores de açúcar,** para decorar

Forre as doze divisórias de uma fôrma para bolinhos com forminhas de papel. Coloque todos os ingredientes da massa numa tigela e bata com a batedeira por 1-2 minutos, até ficar leve e cremoso. Distribua nas forminhas.

Asse em forno preaquecido a 180°C por 20 minutos, até que cresçam e fiquem firmes ao toque. Transfira para uma grade (ou travessa) para esfriar completamente.

Bata a manteiga, o açúcar e o extrato de baunilha numa tigela até obter um creme liso. Coloque 1 colher (chá) sobre cada bolinho e molde com a ajuda de uma faca pequena para que fique delicado e bonito.

Bata o açúcar de confeiteiro com suco de limão suficiente para fazer outra cobertura, mais líquida. Junte o corante comestível. Coloque 1 colher (chá) sobre o creme nos bolinhos. Espalhe mais para cobrir tudo. Decore com as flores de açúcar.

Variação: cupcake festivo. Faça a massa como acima, mas use raspas de 1 laranja e 1 colher (chá) de especiarias mistas em vez de raspas de limão. Asse como indicado acima. Faça a cobertura como acima, usando 2-3 colheres (sopa) de laranja no lugar do limão e acrescentando gotas de corante vermelho. Espalhe sobre os bolinhos já frios e decore com anis--estrelado, bagas de cardamomo, canela em pau e cravo-da-índia.

minibolo de marzipã

12 unidades
Preparo: **30 minutos**, mais o tempo para esfriar e firmar
Cozimento: **30 minutos**

- 125 g de **manteiga sem sal** em temperatura ambiente, mais um pouco para untar
- 50 g de **açúcar mascavo**
- 1 pedaço de **gengibre em calda** picado, mais 2 colheres (sopa) da **calda de gengibre**
- 2 **ovos**
- 150 g de **farinha de trigo com fermento**
- ½ colher (chá) de **fermento em pó**
- ½ colher (chá) de **noz--moscada** ralada
- 200 g de **frutas secas** deixadas de molho em 3 colheres (sopa) de **conhaque** ou **licor de laranja** por 1h
- 325 g de **marzipã**
- **açúcar de confeiteiro,** para polvilhar

Forre as doze divisórias de uma fôrma de bolinhos com forminhas de papel. Coloque a manteiga, o açúcar, o gengibre, os ovos, a farinha, o fermento em pó e a noz-moscada numa tigela e bata com a batedeira por cerca de 1 minuto ou até obter um creme liso. Misture as frutas e todo o líquido delas.

Abra 100 g do marzipã, molde um cilindro de cerca de 6 cm de comprimento e corte em doze fatias. Distribua metade da massa nas forminhas e nivele com as costas de uma colher (chá). Coloque uma fatia de marzipã sobre cada um. Cubra com o restante da massa.

Asse em forno preaquecido a 180°C por cerca de 25 minutos ou até ficar firme ao toque. Transfira para uma grade (ou travessa) para esfriar completamente.

Abra o restante do marzipã sobre superfície levemente polvilhada com açúcar de confeiteiro. Corte doze círculos de 5 cm de diâmetro usando um molde. Pincele os bolinhos com a calda de gengibre e cubra com os círculos de marzipã. Amasse um pedaço do marzipã para fazer uma tira e molde uma rosa. Coloque sobre um cupcake e repita com os outros. Disponha-os numa assadeira e leve ao forno morno, mas vigie para não torrar.

Variação: bolinho de marzipã com limão. Bata 125 g de manteiga sem sal em temperatura ambiente, 75 g de açúcar, 2 ovos, 100 g de farinha de trigo com fermento, ½ colher (chá) de fermento em pó, 50 g de amêndoa moída e raspas finas de 1 laranja e de 1 limão. Salpique com 200 g de amêndoa picada antes de assar como indicado. Misture 50 g de açúcar de confeiteiro com 1-1½ colher (chá) de suco de limão e regue os bolinhos.

voo de morcego

12 unidades
Preparo: **40 minutos**
Cozimento: **20 minutos**

- 125 g de **pasta americana preta**
- **açúcar de confeiteiro,** para polvilhar
- 2 colheres (sopa) de **mel**
- 12 **cupcakes de baunilha** (p. 22)
- 175 g de **pasta americana laranja**
- 1 tubo de **cobertura preta,** para escrever
- **confeitos vermelhos, laranjas** e **amarelos**

Amasse a pasta americana preta sobre uma superfície levemente polvilhada com açúcar. Abra, sem deixar muito fina, e corte doze morcegos com ou sem molde. Transfira para uma folha de papel-manteiga e deixe endurecer enquanto decora os bolinhos.

Espalhe ½ colher (chá) de mel sobre os bolinhos já frios. Abra a pasta laranja e corte doze círculos com um molde de biscoito de 6 cm. Coloque-os sobre os bolinhos.

Arrume os morcegos no centro dos cupcakes. Umedeça as beiradas da cobertura laranja e trace por cima uma linha ondulada com a cobertura preta. Pressione os confeitos aleatoriamente na linha ondulada.

Variação: cupcake de aranha. Espalhe uma camada fina de geleia de damasco ou de frutas vermelhas sobre os bolinhos. Abra 200 g de pasta americana verde ou azul sobre uma superfície levemente polvilhada com açúcar de confeiteiro e corte doze círculos, usando um molde de biscoito de 6 cm. Arrume os círculos sobre os cupcakes. Desenhe teias de aranha na cobertura com um tubo de cobertura preta para escrever. Decore com balas que imitem pequenos insetos.

listras, bolinhas e estrelas

12 unidades
Preparo: **40 minutos**
Cozimento: **20 minutos**

½ receita de **glacê** (p. 18)
12 **cupcakes de baunilha** (p. 22)
150 g de **pasta americana branca**
125 g de **pasta americana azul**
açúcar de confeiteiro, para polvilhar

Espalhe uma camada fina de glacê sobre os bolinhos já frios, usando uma faca lisa pequena.

Amasse as pastas americanas sobre uma superfície polvilhada com um pouco de açúcar de confeiteiro. Separe 50 g da pasta branca, abra até ficar fininha e corte quatro círculos com um molde de 6 cm de diâmetro. Corte seis estrelas pequenas de cada círculo. Abra a massa azul também fininha e corte 24 estrelas. Encaixe as estrelas nos espaços dos círculos brancos e cubra quatro cupcakes.

Abra mais 50 g de pasta branca. Molde agora bolinhas de pasta americana azul usando o polegar e o indicador. Pressione as bolinhas azuis sobre a cobertura branca, deixando alguns intervalos. Passe o rolo por cima para que as bolinhas azuis achatem, compondo a estampa. Corte quatro círculos e cubra mais quatro cupcakes.

Corte tiras longas de 5 mm de espessura do restante da pasta americana azul e também da branca e coloque-as, alternando as cores, sobre uma superfície polvilhada com açúcar de confeiteiro. Passe o rolo por cima para achatar as tiras e uni-las, depois corte quatro círculos. Coloque sobre mais quatro cupcakes.

Variação: cupcake com estrelas e lua. Asse doze cupcakes de chocolate (p. 22). Derreta 100 g de chocolate branco (pp. 16-7). Desenhe seis estrelas e seis luas numa folha de papel-manteiga com moldes de 5-6 cm. Coloque o chocolate num saco de confeitar (p. 16) e use-o para preencher as estrelas e luas com chocolate. Deixe firmar. Derreta 100 g de chocolate amargo com 15 g de manteiga e espalhe nos bolinhos. Decore com as estrelas e as luas.

fogos de artifício

12 unidades

Preparo: **40 minutos**, mais o tempo para esfriar e firmar

Cozimento: **25-30 minutos**

100 g de **abóbora** descascada sem sementes

125 g de **manteiga sem sal** em temperatura ambiente

50 g de **açúcar mascavo**

100 g de **mel**

2 **ovos**

150 g de **farinha de trigo com fermento**

50 g de **aveia em flocos finos**

½ colher (chá) de **fermento**

1 colher (chá) de **especiarias mistas** em pó

Para decorar

50 g de pasta **americana branca**

50 g de **pasta americana laranja**

200 g de **açúcar de confeiteiro**, mais um pouco para polvilhar

2 colheres (sopa) de **suco de laranja**

4 colheres (sopa) de **geleia de laranja**

velas com efeito de fogos de artifício

Forre as doze divisórias de uma fôrma de bolinhos com forminhas de papel. Rale a abóbora numa tigela e acrescente todos os outros ingredientes do bolo. Bata com a batedeira por cerca de 1 minuto, até ficar leve e cremoso. Distribua a massa nas forminhas.

Asse em forno preaquecido a 180°C por 25-30 minutos, até que estejam firmes ao toque. Transfira para uma grade (ou travessa) e deixe esfriar.

Abra as pastas americanas branca e laranja sobre uma superfície levemente polvilhada com açúcar de confeiteiro e corte pequenas estrelas com um molde. Espete as estrelas em palitos e deixe secar sobre uma folha de papel-manteiga pelo menos por 1 hora.

Bata o açúcar de confeiteiro numa tigela com o suco de laranja, se preciso adicionando um pouco mais de suco para obter uma consistência espessa, mas que permita espalhar. Passe sobre os bolinhos, cobrindo até as beiradas. Complete a decoração colocando um pouco de geleia de laranja por cima para formar um desenho espiral. Espete os palitos com estrela sobre os cupcakes e, ao lado, as velas.

Variação: bolinho regado com mel. Faça a massa como acima, mas use 2 colheres (sopa) de especiarias em pó e acrescente ½ colher (chá) de canela em pó. Asse como indicado acima e deixe esfriar. Bata 200 g de iogurte natural com 1 colher (sopa) de mel e espalhe sobre os cupcakes. Regue um pouco mais de mel.

cupcake de casamento

12 unidades
Preparo: **30 minutos**
Cozimento: **20 minutos**

12 **cupcakes de baunilha** (p. 22)
4 colheres (sopa) de **xerez** ou de **licor de laranja** (opcional)
200 g de **açúcar de confeiteiro** peneirado
1-2 colheres (sopa) de **suco de limão**
36 **amêndoas glaceadas**
12 **flores glaceadas** (p. 228)
fita branca, para decorar

Regue os bolinhos com xerez ou licor, se for usar. Misture o açúcar de confeiteiro com 1 colher (sopa) de suco de limão numa tigela. Adicione o restante do suco aos poucos, mexendo bem com uma colher de pau, até que a cobertura fique com consistência boa para espalhar – talvez não precise de todo o suco.

Espalhe a cobertura sobre os cupcakes já frios com uma faca lisa pequena e coloque por cima de cada um, no centro, três amêndoas glaceadas.

Decore com uma flor glaceada e amarre uma fita branca em torno das forminhas de papel, finalizando com um laço.

Variação: cupcake de aniversário. Abra 100 g de pasta americana da cor de sua preferência e corte números com um molde. Passe para uma bandeja forrada com papel-manteiga e deixe endurecer por algumas horas ou de um dia para o outro. Faça os cupcakes de baunilha como na p. 22, mas use 50 g do chocolate branco ralado em vez dos 50 g de açúcar no preparo da massa. Derreta 100 g de chocolate branco picado com 65 g de manteiga sem sal e 2 colheres (sopa) de leite numa panela, mexendo até obter um creme liso. Transfira para uma tigela, bata na batedeira com 100 g de açúcar de confeiteiro e continue batendo com uma colher de pau, até formar pequenos picos. Espalhe sobre os cupcakes já frios e decore com os números posicionados na vertical. Salpique confeitos por cima.

cupcake do Dia dos Namorados

12 unidades
Preparo: **30 minutos**
Cozimento: **20 minutos**

200 g de **açúcar de confeiteiro**, mais um pouco para polvilhar
4-5 colheres (chá) de **água de rosas** ou **suco de limão**
12 **cupcakes de baunilha** (p. 22)
100 g de **pasta americana vermelha**
6 colheres (sopa) de **geleia de morango**

Coloque o açúcar de confeiteiro numa tigela com 4 colheres (chá) de água de rosas ou de suco de limão. Misture até obter um creme liso, adicionando um pouco de água, se necessário, e mexa até obter uma pasta espessa. Espalhe sobre os cupcakes já frios.

Amasse a pasta americana vermelha sobre uma superfície levemente polvilhada com açúcar de confeiteiro. Abra a pasta e corte doze corações pequenos com um molde. Coloque um coração sobre cada bolinho.

Passe a geleia numa peneira fina. Coloque num saco de confeitar com um bico pequeno, próprio para escrever. Faça pontinhos ao redor dos cupcakes e contorne os corações por dentro.

Variação: bolinho com flores e frutas. Bata 150 ml de creme de leite com 3 colheres (sopa) de licor de laranja numa tigela pequena e espalhe sobre os cupcakes já frios. Decore com frutas vermelhas, como framboesa, uva e mirtilo e, por cima, minirrosas vermelhas. Polvilhe açúcar de confeiteiro para servir.

cupcake com flores glaceadas

12 unidades
Preparo: **40 minutos**, mais o tempo para descansar e esfriar
Cozimento: **20 minutos**

- pequenas **flores comestíveis**, como capuchinhas e pétalas de rosas, ou **ervas em flor**, como camomila
- 1 **clara de ovo**
- **açúcar de confeiteiro,** para polvilhar
- 1 receita de **cobertura de chocolate branco** (p. 18)
- 12 **cupcakes de baunilha** (p. 22)
- **fita de cetim em tom pastel,** para decorar (opcional)

Limpe e seque bem as flores antes de glacear. Coloque a clara numa tigela pequena e bata um pouco com um garfo. Ponha o açúcar numa tigela separada.

Usando a ponta dos dedos ou um pincel, cubra todos os lados das flores com a clara. Polvilhe bastante açúcar sobre elas de modo uniforme. Passe para uma folha de papel-manteiga e deixe firmar pelo menos por 1 hora.

Espalhe a cobertura de chocolate sobre os bolinhos frios com uma faca lisa pequena. Decore com as flores glaceadas. Se quiser, amarre uma fita de cetim em torno das forminhas de papel, finalizando com um laço.

Variação: bolinho de coco glaceado. Faça os cupcakes de baunilha como na p. 22, mas acrescente raspas de 2 laranjas-lima e 1 colher (sopa) de suco de lima aos ingredientes da massa. Coloque 75 ml de creme de leite numa panela com 50 g de coco ralado. Aqueça em fogo baixo até amolecer o coco e transfira para uma tigela. Adicione 2 colheres (sopa) de suco de lima e 300 g de açúcar de confeiteiro. Bata até ficar espesso e cremoso e espalhe sobre os bolinhos. Decore com raspas de laranja-lima.

bolinho de golfe

12 unidades
Preparo: **40 minutos**, mais o tempo para esfriar
Cozimento: **20-25 minutos**

- 8 colheres (sopa) de **pasta de chocolate com avelã** ou ½ receita de **cobertura de chocolate** (p. 18)
- 12 **cupcakes de baunilha** ou **de chocolate** (p. 22)
- 200 g de **pasta americana verde**
- **açúcar de confeiteiro,** para polvilhar
- 75 g de **pasta americana branca**
- 12 **bolinhas de golfe de chocolate**

Bata a pasta de chocolate ou a cobertura até amolecer um pouco e espalhe sobre os cupcakes com uma faca lisa pequena.

Amasse a pasta americana verde sobre uma superfície levemente polvilhada com açúcar de confeiteiro. Abra bem a pasta e corte doze círculos usando um molde de 5 cm de diâmetro. Coloque os círculos sobre os bolinhos.

Molde doze pequenos pinos (*tees*) de golfe com a pasta branca e coloque sobre os bolinhos. Para fixar, pincele um pouco de água. Para finalizar, pressione as bolinhas de chocolate ao lado dos pinos.

Variação: bolinho de futebol. Faça a massa como acima e cubra com a cobertura de chocolate. Bata 150 g de açúcar de confeiteiro para fondant com um pouco de corante comestível verde e água fria suficiente para dar o ponto – cerca de 3-4 colheres (chá). A cobertura deve ficar firme, mas cremosa o suficiente para espalhar sobre os bolinhos. Coloque um pouco de cobertura sobre eles e espalhe até a beirada, mas de modo que o chocolate por baixo ainda apareça. Coloque uma bolinha de futebol de chocolate sobre cada bolinho.

cupcake de festa

24 unidades
Preparo: **1h-1h30**, mais o tempo para descansar e esfriar
Cozimento: **25 minutos**

250 g de **manteiga sem sal** em temperatura ambiente
250 g de **açúcar**
4 **ovos**
1 colher (sopa) de **extrato de baunilha**
raspas finas de 2 **limões**
300 g de **farinha de trigo com fermento**
1 colher (chá) de **fermento em pó**

Para decorar
125 g de **pasta americana rosa-claro**
açúcar de confeiteiro, para polvilhar
125 g de **pasta americana rosa-escuro**
300 ml de **creme de leite**
300 g de **chocolate branco** em quadradinhos

Forre as 24 divisórias de duas fôrmas para bolinhos com forminhas de papel. Coloque todos os ingredientes da massa numa tigela e bata com a batedeira por cerca de 1 minuto, até ficar leve e cremoso. Distribua a massa nas forminhas.

Asse em forno preaquecido a 180°C por 20 minutos, até ficar firme ao toque. Os bolinhos que estiverem na grelha de baixo do forno podem precisar de mais tempo, mas não troque as fôrmas de lugar durante o cozimento, senão eles murcham. Transfira todos para uma grade (ou travessa) para esfriar.

Abra a pasta americana rosa-claro sobre uma superfície levemente polvilhada com açúcar de confeiteiro. Corte doze flores com um molde de 4 cm de diâmetro. Pegue as flores de leve com a palma da mão e transfira para uma folha de papel-alumínio. Abra a massa mais escura e faça mais doze flores. Separe um pedacinho dos retalhos da cobertura mais clara e pressione contra um pedaço de tela ou de tule até ficar com as marcas do tramado. Retire a tela e pressione a massinha sobre uma flor escura, para fazer o miolo da flor. Faça o mesmo com o restante das flores, alternando os tons de rosa.

Coloque 200 ml do creme de leite numa panela pequena e aqueça até quase ferver. Despeje sobre o chocolate numa tigela e espere derreter, mexendo às vezes até ficar cremoso. Deixe esfriar.

Junte o restante do creme de leite sobre o creme de chocolate e bata até ficar firme – não bata demais para não coalhar. Espalhe por cima dos bolinhos, criando uma decoração. Finalize com as flores.

Índice

créditos

Editora executiva: Eleanor Maxfield

Editora: Lisa John

Diretora de criação: Karen Sawyer

Designer: Geoff Fennell

Fotógrafo: David Munns

Consultora culinária: Joanna Farrow

Produção de objetos: Liz Hippisley

Controler de produção: Carolin Stransky

Fotografia especial: ©Octopus Publishing Group Limited / David Munns

Outras fotos: ©Octopus Publishing Group Limited 20; / Stephen Conroy 16 à direita, 123; Vanessa Davies 33, 135, 137; David Munns 68, 142, 180, 202; Lis Parsons 49, 131, 211; Gareth Sambidge 8, 25, 31, 39, 46, 71, 77, 83, 91, 101, 107, 111, 115, 119, 127, 141, 165, 179, 205, 209, 213, 219, 221, 225, 227, 231; Ian Wallace 16 à esquerda, 95, 103.